WEBER'S™

Mediterranes Grillen

von Jamie Purviance

Fotos von Tim Turner

Inhalt

Schließen Sie die Augen und träumen Sie sich in ein Restaurant am Meer. Sanft schwappt das warme, türkisblaue Wasser ans Ufer, von einem Grill vor der Küche weht der Duft von Rosmarin und Oregano herbei. Dort hat der Kellner gerade die zischend heißen Kalbskoteletts abgeholt, die er nun in Begleitung von butterig-zitronigen Spinatnudeln serviert. Dazu gibt es auf dem Grill geröstete Tomaten. Und natürlich darf zum Essen ein schmeichelnder Wein nicht fehlen.

Draußen zu tafeln ist in den Mittelmeerländern die normalste Sache der Welt. Schließlich lädt das milde Klima geradezu ein, die freien Stunden auf einer schattigen, weinberankten Terrasse oder auch direkt am Strand zu verbringen. Für viele von uns bleibt das ein Wunschszenario, jedenfalls die meiste Zeit des Jahres. Aber nichts spricht dagegen, dieses Lebensgefühl in unser Zuhause zu holen.

Öffnen wir die Tür und gehen wir hinaus in den Garten, auf die Terrasse, auf den Balkon, um uns dort eine kleine mediterrane Welt zu erschaffen. Ganz wichtig dabei ist natürlich das Essen, und es gibt so viele hinreißende Optionen. Lieben Sie die spanische Küche? Etwa eine herzhafte Paella oder einen katalanischen Fischtopf, angereichert mit gegrillter Chorizo und Fenchel? Vielleicht schlägt Ihr Herz ja vor allem für die Genüsse aus Italien, dem Land der delikaten Pilzrisottos und knusprigen Pizzas, auf denen der geschmolzene Käse träge blubbert. Oder wie wär's mit einem kleinen Genießertrip nach Frankreich, wo man zum Beispiel gern Hähnchenbrustfilets behutsam flach klopft, um sie besonders empfänglich zu machen für die erdigen Aromen frischer Kräuter und dann für die Hitze des Grills und sie schließlich mit einer Buttersauce, aufgepeppt mit salzigen Kapern und der im Mittelmeerraum allgegenwärtigen Zitrone, aufzutischen?

In Griechenland liebt man Fleisch vom Grill und hier an erster Stelle Lamm. Kombiniert mit Minze, Knoblauch und pfefferigem Olivenöl ergibt es mit wenig Zeit- und Arbeitsaufwand ein Essen, das ein ums andere Mal die Sinne nicht enttäuscht. Weiter führt unser kulinarischer Streifzug nach Portugal, wo uns eine Caldo verde mit deftiger Chorizo-Einlage erwartet, sowie nach Marokko zu einer Tajine, die unter ihrem Deckel exotische Aromen und die schönsten Farben bereithält. Selbstverständlich bietet ein mediterranes Essen auch Raum für köstliche Desserts. Man denke etwa an in Folie gegrillte Orangen, aromatisiert mit nach Anis duftendem Ouzo und warmem Zimt. Oder hätten Sie lieber gegrillte reife Pflaumen, gekrönt mit pikant-würziger Brandy-Butter?

Die in diesem Buch vorgestellten Zubereitungstechniken sind herrlich unkompliziert. Wenn Sie sich an die Rezepte halten, werden Sie erstaunt sein, wie einfach es ist, verschiedensten Zutaten – vorzugsweise regionalen Ursprungs und auf einem guten Markt gekauft – ein unverwechselbares, rauchiges Grillaroma zu verleihen. Holen Sie Ihre Küche und im besten Fall auch den Esstisch nach draußen, und Sie werden vergnügliche Stunden erleben, an die Sie noch lange gern zurückdenken. Genauso unverfälscht und köstlich wie die Speisen, die man in den Strandbars von Nizza oder den Pizzerias von Neapel bekommt, sind die Gerichte, die mit den Rezepten dieses Buchs entstehen. Ganz gleich, wo Sie gerade sind, Sie können genau diese Spezialitäten mit ihrem typischen Aromaflair zaubern und eintauchen in die Lebensart der so einmaligen Mittelmeerregion.

Jamie Purviance

Grundlagen des Grillens

EINEN HOLZKOHLEGRILL VORBEREITEN

SIND STREICHHÖLZER DA? SIE UND IHR GRILL AUCH? SPASS BEISEITE, 15–20 MINUTEN SOLLTEN SIE SICH JETZT ZEIT NEHMEN, UM IHR HOLZKOHLEFEUER IN GANG ZU BRINGEN.

MIT DEM ANZÜNDKAMIN GEHT ALLES EINFACHER.

Der Metallzylinder mit einem Rost innen und zwei Griffen außen bringt die Kohlen schnell zum Glühen. Einfach die Kammer des Zylinders mit Holzkohle füllen, 2–3 Anzündwürfel auf den Kohlerost geben und den Anzündkamin darüberstellen.

ANFEUERN UND LOS.

Sobald Sie die Anzündwürfel angezündet haben, fangen die Kohlen in der Regel sofort Feuer. Im Kamin wird es zunächst rauchen, doch Sie müssen nichts unternehmen, bis die oberen Kohlen mit einer weißen Ascheschicht überzogen sind.

GRILLHANDSCHUHE TRAGEN.

Jeweils mit einer Hand einen der beiden Griffe halten und die glühenden Kohlen vorsichtig auf den Kohlerost schütten. Der bewegliche Griff hilft dabei, den Kamininhalt sicher und einfach auszuleeren.

DIE KOHLEN ANORDNEN.

Eine Zwei-Zonen-Glut bedeutet Flexibilität beim Grillen. Der Kohlerost wird für direkte Hitze nur auf einer Seite mit Kohlen bedeckt. Die leere Seite ist die Zone für indirekte Hitze. Sie ist eine Art Sicherheitszone, in der Grillgut »zwischengeparkt« wird, wenn über direkter Hitze Flammen hochschlagen.

VORHEIZEN IST WICHTIG.

Setzen Sie nun den Grillrost wieder ein und schließen Sie den Deckel. Nach 10–15 Min. wird die Temperatur im Grill etwa 260 °C erreicht haben. Jetzt sollten Sie den heißen Grillrost gründlich säubern, und das geht am besten mit einer Grillbürste mit Edelstahlborsten.

LÜFTUNGSSCHIEBER.

Der Lüftungsschieber im Boden des Kessels sollte beim Grillen geöffnet und die Lüftungsschlitze frei von Asche sein, sonst erstickt das Feuer. Auch der Lüftungsschieber im Deckel bleibt geöffnet und wird nur dann zur Hälfte geschlossen, wenn Sie die Hitze reduzieren wollen.

EINEN GASGRILL IN BETRIEB NEHMEN

DAS KANN JEDER: DECKEL ÖFFNEN UND KNÖPFE DREHEN. DER VORTEIL EINES GASGRILLS IST SEINE EINFACHE BEDIENUNG. DENNOCH SOLLTEN SIE EIN PAAR TIPPS BEHERZIGEN:

1 DAS WICHTIGSTE ZUERST.

Öffnen Sie den Deckel des Grills und prüfen Sie, ob noch ausreichend Gas vorhanden ist. Wechseln Sie gegebenenfalls die leere oder fast leere Gasflasche, damit Ihnen während des Grillens nicht der Brennstoff ausgeht. Reinigen Sie, wenn nötig, die Fettauffangschale.

2 DEN GRILL ANZÜNDEN.

Folgen Sie beim Anzünden und der Dichtigkeitsprüfung der Anleitung Ihres Herstellers. Wenn Sie Gas riechen, könnte dies auf ein Leck an der Verbindungsstelle oder im Gasschlauch hinweisen. Schalten Sie sofort alle Brenner aus, schließen Sie das Gasventil und nehmen Sie den Schlauch ab. Warten Sie 5–10 Min., schließen Sie den Schlauch wieder an und zünden Sie die Brenner erneut. Riechen Sie immer noch Gas, muss das Ventil sofort geschlossen und der Hersteller kontaktiert werden.

3 GRILL AN, DECKEL ZU.

Wenn die Brenner auf höchster Stufe angezündet sind, schließen Sie den Deckel und heizen den Grill 10–15 Min. vor. Die in dieser Zeit wie in einem Backofen entstehende Hitze ist für ein effizientes Grillen sehr wichtig. Auch der Grillrost wird dabei heiß genug, um ihn vor dem Auflegen des Grillguts kinderleicht mit einer Grillbürste säubern zu können. Mit einem sauberen Rost gelingt das Anbraten perfekt.

Grundlagen des Grillens

DIREKTE UND INDIREKTE HITZE

JETZT GEHT ES MIT DER HITZE DIREKT LOS – UND INDIREKT AUCH.

Es gibt zwei grundlegende Techniken, mit denen gegrillt wird: direkt über den glühenden Kohlen oder angezündeten Brennern oder indirekt, also seitlich von der Hitzequelle. Direkte Hitze trifft mit voller Wucht auf das Grillgut, das dadurch scharf angebraten wird und eine köstliche Kruste bildet. Indirekte Hitze gart das Grillgut sanfter und langsamer.

Direkte Hitze eignet sich am besten für dünnere, zartere Zutaten, die schnell gar sind, also etwa Steaks, Koteletts, Hähnchenteile ohne Knochen, Fischfilets, Muscheln und Garnelen, klein geschnittenes Gemüse sowie Obst.

Indirekte Hitze wird für größere Fleischstücke verwendet, die länger garen müssen, etwa ganze Hähnchen, Hähnchenteile mit Knochen oder Lammkeulen.

In der Regel sind beim Grillen beide Hitzezonen sinnvoll, um sowohl eine kräftige Krustenbildung als auch den gewünschten Gargrad im Innern zu erhalten. Auf diese Weise werden zuverlässigere Ergebnisse erzielt und böse Überraschungen wie »Oh, ist ja innen noch roh« vermieden. Geschmacksintensiver Erfolg stellt sich meist ein, wenn das Grillgut über direkter Hitze von beiden Seiten kräftig angebraten wird und anschließend in der indirekten Zone fertig gegrillt wird. Dafür ist eine simple Zwei-Zonen-Glut ausreichend, bei der die glühenden Kohlen nur auf einer Seite des Kohlerosts liegen bzw. einige Brenner im Gasgrill abgeschaltet sind.

Ob Sie mit direkter, indirekter oder mit beiden Hitzezonen grillen, immer ist der Grilldeckel Ihr alles entscheidender Freund. Halten Sie ihn so oft wie möglich geschlossen, denn nur dann kann die bei indirekter Hitze strömende Konvektionswärme im Grill gehalten und Flammenbildung bei direkter Hitze vermieden werden. Das Grillgut muss zwar trotzdem noch gewendet werden, wenn es jedoch gleichzeitig von oben und unten gegart wird, verkürzt sich die Grillzeit und damit das Warten auf den Grillgenuss.

HOLZKOHLE: DIREKTE HITZE
Bei direkter Hitze liegt das Grillgut genau über der Glut. Die Hitze wird über den Rost zum Grillgut geleitet und erzeugt das typische Grillmuster.

HOLZKOHLE: INDIREKTE HITZE
Bei indireker Hitze liegen die glühenden Kohlen entweder seitlich oder links und rechts vom Grillgut.

GAS: DIREKTE UND INDIREKTE HITZE
Direkte Hitze bei einem Gasgrill bedeutet, dass Zutaten direkt über angezündeten Brennern gegrillt werden. Für indirekte Hitze werden rechts und links nur die äußeren Brenner angezündet, das Grillgut wird zwischen ihnen, also über nicht eingeschalteten Brennern gegrillt.

WARTUNG UND SICHERHEIT

OUTDOOR – DAMIT VERBINDET MAN UNTER ANDEREM ROBUSTHEIT, GRILLS EINGESCHLOSSEN. TROTZDEM BRAUCHEN GRILLS REGELMÄSSIG EIN WENIG PFLEGE, DAMIT SIE LANGE ZEIT SPASS MIT IHREM GRILL HABEN.

Das begehrte Grillmuster bringen Sie nur dann auf Ihre Grillspeisen, wenn diese nicht am Grillrost haften bleiben, also nicht auf angebrannten Essensresten vom letzten Grillevent liegen. Säubern Sie den Grillrost vor jedem Gebrauch. Dafür wird der Grill mitsamt dem Grillrost bei geschlossenem Deckel in etwa 10 Min. auf eine Temperatur von 260 °C vorgeheizt. Ziehen Sie jetzt Grillhandschuhe an und bürsten Sie mit einer langstieligen Grillbürste Essensreste und Verunreinigungen von den heißen Streben ab.

Etwa einmal im Monat sollte der Grill etwas gründlicher gesäubert werden. Halten Sie sich dabei an die Hinweise Ihres Herstellers. Von außen reinigen Sie den Grill mit einem Schwamm mit warmem Wasser und etwas Spülmittel und entfernen Ruß und Verunreinigungen, die sich im Deckel angesammelt haben. Bei einem Gasgrill sollte der Grillrost abgenommen und die Brenner abgebürstet werden, außerdem Bodentrichter und Fettauffangschale gereinigt werden. Holzkohlegriller sollten regelmäßig die Asche im Grillkessel entfernen.

Befolgen Sie die Empfehlungen Ihres Herstellers bezüglich Reinigung, Instandhaltung und Wartung des Grills.

SICHERHEIT

Lesen Sie die Bedienungsanleitung Ihres Herstellers und machen Sie sich mit allen Techniken sowie Sicherheitshinweisen und Warnungen vertraut. Befolgen Sie ebenso die Angaben zum Grillen und die Wartungsvorschriften. Sollten Sie die Bedienungsanleitung Ihres Grills nicht finden, kontaktieren Sie den Hersteller, bevor Sie das Gerät verwenden. Wenn Sie Fragen zu den Sicherheits- und Warnhinweisen Ihres Weber-Gasgrills, Holzkohle- oder Elektrogrills oder keine Anleitung haben, wenden Sie sich bitte an Weber-Stephen Deutschland unter der Servicenummer 06132/8999-0 oder unter www.weber.com, bevor Sie Ihren Grill in Betrieb nehmen.

EINE ROBUSTE GRILLBÜRSTE MIT EDELSTAHLBORSTEN IST WICHTIG ZUR REINIGUNG DES GRILLROSTS.
Mit einem gezackten Kratzer am Bürstenkopf lassen sich auch hartnäckige Verschmutzungen am Rost leicht entfernen.

Unverzichtbare Grillhelfer

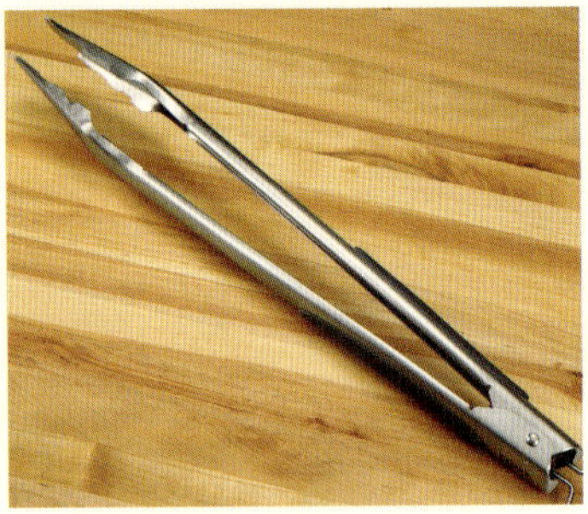

GRILLZANGE

Das mit Abstand meistgebrauchte Zubehör, von dem Sie drei zur Hand haben sollten: eine Zange für rohe Zutaten, eine für gegarte Speisen und eine zum Anordnen bzw. Umplatzieren der Holzkohle.

GRILLHANDSCHUHE

Wählen Sie Grillhandschuhe mit guter Isolierung und ausreichender Länge, damit auch Ihre Handgelenke geschützt sind.

ANZÜNDKAMIN

Mit ihm bringt man mühelos und schneller als mit jeder Anzündflüssigkeit Holzkohle und Grillbriketts gleichmäßig zum Glühen. Er sollte ein Fassungsvermögen von mind. 5 Litern haben.

EINWEG-ALUSCHALEN

Aluschalen sind in unterschiedlichen Größen erhältlich und vielseitig einsetzbar. In ihnen lässt sich z. B. das Grillgut vor und nach dem Grillen transportieren oder auf dem Rost warm halten.

DIGITALES FLEISCHTHERMOMETER

Dieses kleine, relativ preiswerte Zubehör misst im Nu die Kerntemperatur und gibt Aufschluss über den Gargrad des Fleisches.

TIMER

Viele geglückte Grillrunden verdanken wir einem Timer. Ein einfaches Modell, bei dem man die Zeit einstellen und den Alarm deutlich hören kann, ist ausreichend.

PIZZASTEIN

Auf einem guten Pizzastein wird der Teig gleichmäßig locker und knusprig gebacken. Der Stein sorgt außerdem dafür, dass weder Pizza noch Belag durch den Rost fallen.

GRILLBÜRSTE

Ein Must-have selbst für absolute Minimalisten. Einmal damit den heißen Rost abgebürstet und schon haften weder alte noch neue Grillspeisen mehr am Rost.

GRILLWENDER

Besonders zu empfehlen sind langstielige Modelle mit einem Knick am Griff, bei denen die Hebefläche tiefer liegt als der Griff. Damit kann man das Grillgut einfach und gefahrlos vom Rost heben.

SPIESSE

Von Grillspießen zu essen macht einfach Spaß. Breite, flache Spieße oder Doppelspieße haben den Vorteil, dass sich das Grillgut auf ihnen beim Wenden nicht dreht.

Selbst gemachte Fladen

Bereits in frühester Zeit haben Menschen unter freiem Himmel Fladen gebacken. Ursprünglich legten sie dafür vermutlich dünne Teigkreise auf einen heißen Stein direkt neben einem glühenden Feuer. Als irgendwann holzbefeuerte Backöfen aufkamen, gelangen in deren Gluthitze die Fladen noch besser. Bis heute werden diese Öfen im gesamten Mittelmeerraum viel genutzt. Doch wie sich zeigt, können die Teigaromen und -texturen, die sich auf dem Grill entwickeln, mit denen aus einem Steinbackofen ziemlich gut mithalten.

1 TEIG ZUBEREITEN

Ein Fladen- oder Pizzateig lässt sich auf verschiedene Arten zubereiten: von Hand, mit einem Handmixer oder auch in einer Küchenmaschine. Besonders einfach und zeitsparend ist die Zubereitung in der Küchenmaschine mit einem Teigwerkzeug aus Kunststoff. Die Teigzutaten kneten, bis sie sich über dem Teigwerkzeug zu einer Kugel zusammenballen. Der fertige Teig sollte weich, aber nicht klebrig sein.

2 DÜNN AUSROLLEN

Um den Teig zu einem dünnen Fladen formen zu können, muss er entspannt sein – sonst zieht er sich immer wieder zusammen. Dafür den Teig etwa 1 Std. bei Raumtemperatur ruhen lassen. Danach sollte er sich ohne Probleme mit dem Nudelholz ausrollen oder mit den Händen ausziehen lassen. Andernfalls den Teig noch etwas länger bei Raumtemperatur ruhen lassen.

3 DAMIT ES GUT RUTSCHT

Mehl ist das A und O, um den Fladen mühelos auf den Pizzastein gleiten zu lassen. Wird der Pizzaheber mit feinem Weizenmehl bemehlt, lässt er sich ganz leicht unter das Teigstück schieben, und das Teigstück kann mühelos auf den Pizzastein geschoben werden. Maismehl ist, obwohl in manchen Kochbüchern empfohlen, ungeeignet. Denn es verbrennt schnell auf dem heißen Stein, wodurch der Teig einen unangenehmen Geschmack annimmt.

4 DAS HEBEWERKZEUG WÄHLEN

Verschiedene Hilfsmittel stehen zur Wahl, um den Teigfladen zum Grill zu befördern. Optimal ist ein Pizzaheber aus Metall oder Holz, aber auch ein randloses Backblech eignet sich. Eine dritte Möglichkeit: Den Teigfladen über ein Nudelholz legen und auf dem Weg zum Grill festhalten.

5 VORHEIZEN

Der Pizzastein muss stets etwa 15 Min. vorgeheizt werden. Wenn dann der Teigfladen mit dem heißen Stein in Kontakt kommt, entsteht aus dem im Teig enthaltenen Wasser Kohlendioxid. Es bilden sich zahlreiche Blasen, die den Teig locker aufgehen lassen und dem Fladen zu einer luftigen, knusprigen Textur verhelfen.

6 NACH GESCHMACK BELEGEN

Wenn die Unterseite gebräunt ist und sich auf der Oberseite reichlich Blasen zeigen, den Fladen wenden und mit den Zutaten Ihrer Wahl belegen. Eine köstliche Kombination besteht aus weich gegrilltem Knoblauch, Mozzarella, gegrilltem Stängelkohl und Paprikaschoten sowie etwas geriebenem Pecorino (siehe Seite 98). Binnen weniger Minuten ist der Belag schön heiß.

Grillspieße

Fast immer kommt etwas Gutes heraus, wenn man Fleisch an Spießen über einem offenen Feuer gart. Um jedes Mal ein optimales Ergebnis zu erzielen, sollte man ein paar grundlegende Fakten wissen. Damit kann man dann erfolgreich am Grill aufspielen – mit verschiedenen Arten von Spießen, unterschiedlichen Sorten von Fleisch und Gemüse sowie interessanten Extras wie speziellen Marinaden und besonderen Saucen oder Glasuren.

1 SPIESSE

Man bekommt sie aus Metall oder aus Holz bzw. Bambus. Alle Versionen erfüllen durchaus ihren Zweck. Metallspieße sind wiederverwendbar, müssen aber nach dem Essen gesäubert werden. Für den einmaligen Gebrauch bietet der Handel zu günstigen Preisen Holz- oder Bambusspieße an, die jedoch vor dem Grillen gewässert werden müssen, damit sie auf dem Grill nicht verbrennen.

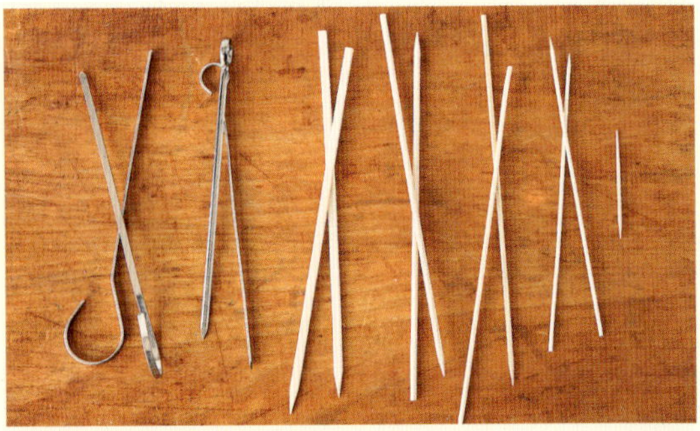

2 FLEISCH

Es ist ein weit verbreiteter Irrtum, dass sich für Grillspieße jedes beliebige Fleisch eignen würde. Vielmehr muss das Fleisch wegen der zumeist so kurzen Garzeit von Natur aus zart und saftig sein. Bei Schweinefleisch etwa wählen Sie eine schön marmorierte Lende wie rechts abgebildet oder Schweinefilet. Alternativ kaufen Sie Schweinekoteletts und schneiden das Fleisch in Stücke etwa gleicher Größe und Dicke.

3 GUTER HALT UND RICHTIGER ABSTAND

Flache Spieße haben den Vorteil, dass sich Fleisch- und Gemüsestücke beim Wenden nicht drehen. Alternativ sollten Sie die dicksten Spieße verwenden, die erhältlich sind, oder einen Doppelspieß aus zwei dünnen Spießen. Damit das Fleisch gleichmäßig gart, lassen Sie zwischen den einzelnen Stücken auf dem Spieß ein wenig Platz. Das Fleisch darf sich zwar am Rand leicht berühren, doch nicht zu dicht gedrängt auf den Spießen stecken, sonst braucht es mehr Zeit zum Garen und könnte trocken werden.

ERST FORMEN, DANN KÜHLEN

Eine reizvolle Variante bilden Köfte-Spieße. Da sie auf Hackfleisch basieren, kann man sie nach Belieben geschmacklich abwandeln, außerdem ist ein zartes Ergebnis nahezu garantiert. Die Fleischmasse in lockere Einzelportionen teilen und dann jede Portion behutsam so um einen Spieß herum formen, dass am oberen Spießende einige Zentimeter frei bleiben. Würde man die Köfte-Spieße jetzt sofort auf den Grill legen, könnten sie leicht zerfallen. Deshalb gibt man sie zunächst auf ein mit Backpapier belegtes Blech, deckt sie mit Frischhaltefolie ab und kühlt sie 1–2 Std. Dadurch wird die Fleischmasse fest und bleibt später auf dem Grill in Form.

SCHUTZ GEGEN DIE HITZE

Bambus- oder andere Holzspieße zunächst etwa 30 Min. in Wasser einzuweichen verhindert in der Regel, dass sie auf dem Grill Feuer fangen. Trotzdem passiert es, dass die Spieße verkohlen. Abhilfe schafft hier ein Schutzschild aus Alufolie. Dafür ein großes Stück Alufolie in der Mitte zu einem langen Rechteck falten und dieses über den vorderen Bereich des Grillrosts legen. Die Spieße so auf das Folienrechteck legen, dass ihre blanken langen Enden vor direkter Hitze geschützt sind.

TOMATOESGORGONZOLACALAMARI
SCALLOPSCAPERSEGGPLANT
GREENSRUSTICROASTED
GAZPACHOSALADSEAFOODPEAS
PARMIGIANO-REGGIANOLINGUINE
SPAGHETTIRISOTTOROSEMARYHOT
PAILLARDSGLAZEDGRILLED
SAUSAGESFISHBALSAMICRUBS
BROCCOLINIROASTEDFOCACCIAHONEY
CHEESEARTICHOKESFLATBREADFRESH
PRUNESALMONSTEW
SEABASSGARLIC
OLIVESSEAFOODGREENSMINT
GARLICLEMONROASTED
SWORDFISHFIGSLAMBGARLIC
RICOTTASERRANOGREMOLATAALMOND
BUTTERGORGONZOLA
VANILLAHERBSPIZZAS
CHOCOLATETOASTS
GRILLING
GARLICBRUSCHETTA
BABAGANOUSHROASTED
EGGPLANTGOATCHEESE
POLENTASALSAVINAIGRETTE
ARUGULAFENNELBREAD
MUSSELS
SHRIMPLAMB
PORKRAGU
GRILLING
SHALLOTS

VORSPEISEN

SALATE

FISCH UND MEERESFRÜCHTE

FLEISCH UND GEFLÜGEL

PASTA UND RISOTTOS

FLADEN UND PIZZAS

DESSERTS

ARTISCHOCKEN
MIT ZITRONE, KNOBLAUCH UND PARMESAN

ZUBEREITUNGSZEIT: 15 Min., plus 25–30 Min. zum Dämpfen der Artischocken
GRILLZEIT: 16–18 Min.

- 80 ml Olivenöl
- 4 EL frisch gepresster Zitronensaft
- 1 Knoblauchzehe, fein gehackt
- ½ TL grobes Meersalz
- 1 EL fein gehackte glatte Petersilienblätter
- ½ TL fein abgeriebene Schale von 1 Bio-Zitrone (die Zitrone anschließend halbieren und für die Artischocken verwenden)
- 2 große Artischocken
- 2 EL fein geriebener Parmesan

1. Öl, Zitronensaft, Knoblauch und Salz gründlich verrühren. 4 EL zum Bestreichen der Artischocken abnehmen und beiseitestellen. Petersilie und Zitronenschale ins restliche Öl einrühren; das Petersilien-Zitronen-Öl wird später als Dip serviert.

2. Einen Topf 5 cm hoch mit Wasser füllen. Den Stiel der Artischocken bis auf einen kleinen Ansatz einkürzen, die stacheligen Blattspitzen mit einer Küchenschere abschneiden. Die Artischocken rundherum mit 1 Bio-Zitronenhälfte abreiben, den Saft der zweiten Hälfte auspressen und zum Wasser in den Topf geben. Die Artischocken mit dem Stielansatz nach unten ins Wasser setzen. Einmal aufkochen, dann einen Deckel auflegen und die Artischocken zugedeckt auf mittlerer bis kleiner Stufe je nach ihrer Größe 25–30 Min. dämpfen, bis sich die Böden mühelos mit einem Messer einstechen lassen. Artischocken herausnehmen und sofort in eine mittelgroße Schüssel mit Eiswasser legen, um den Garprozess zu stoppen. Die abgekühlten Artischocken in einem Sieb gut abtropfen lassen, längs halbieren und das Heu sowie die violetten Innenblättchen mit einem Löffel herausschaben. Mit einem Teil des reservierten Zitronenöls bestreichen.

3. Den Grill für direkte und indirekte mittlere Hitze (175–230 °C) vorbereiten.

4. Die Artischockenhälften über ***direkter mittlerer Hitze*** bei geschlossenem Deckel etwa 8 Min. grillen, dabei nach Bedarf wenden, bis sie auf beiden Seiten stellenweise kräftig gebräunt sind. Dann über ***indirekte mittlere Hitze*** legen und weitere 8–10 Min. grillen, bis sie ganz zart sind. In dieser Zeit mit dem übrigen Zitronenöl bestreichen und ein- bis zweimal wenden. Die Artischocken 1 Min. vor Ende der Garzeit mit der Schnittfläche nach oben legen, mit Parmesan bestreuen und den Käse schmelzen lassen.

5. Die Artischocken auf einer Servierplatte anrichten und mit etwas Petersilien-Zitronen-Öl beträufeln. Warm oder raumtemperiert mit dem restlichen Öl als Dip servieren.

FÜR 4 PERSONEN

GAZPACHO

MIT GEGRILLTER PAPRIKA UND MANDELN

ZUBEREITUNGSZEIT: 15 Min.
GRILLZEIT: 10–20 Min.
KÜHLZEIT: 2–4 Std.

3 Eiertomaten
1 mittelgroße Zwiebel, quer in gut 1 cm dicke Scheiben geschnitten
1 mittelgroße rote Paprikaschote
1 mittelgroße grüne Paprikaschote

Für die Suppe

1 Stück Salatgurke (etwa 150 g), grob gewürfelt
2 Knoblauchzehen
500 ml Tomatensaft
4 EL frisch gepresster Limettensaft
4 EL grob gehackte glatte Petersilienblätter
2 EL Olivenöl
2 TL grobes Meersalz
1 TL scharfe Chilisauce (oder nach Geschmack)
1 TL gemahlener Kreuzkümmel
1 TL Paprikapulver
½ TL frisch gemahlener schwarzer Pfeffer

4 EL Mandelkerne, geröstet und grob gehackt
fein gehackte glatte Petersilienblätter

1. Den Grill für direkte mittlere Hitze (175–230 °C) vorbereiten.

2. Tomaten, Zwiebelscheiben und Paprikaschoten über ***direkter mittlerer Hitze*** bei geschlossenem Deckel grillen, dabei nach Bedarf wenden, bis die Haut der Tomaten nach 6–8 Min. rundherum angekohlt ist, die Zwiebelscheiben nach 8–10 Min. weich sind und die Haut der Paprikaschoten nach 10–20 Min. rundherum verkohlt ist und Blasen wirft. Fertiges Gemüse vom Grill nehmen.

3. Die Tomaten abkühlen lassen, dann häuten und entkernen. Paprikaschoten in einer mit Frischhaltefolie abgedeckten Schüssel etwa 10 Min. ausdampfen lassen, anschließend die verkohlte Haut der Paprika abziehen, Stielansatz, Trennwände und Kerne entfernen und das Paprikafruchtfleisch grob würfeln.

4. Tomaten, Zwiebel, Paprika, Gurke und Knoblauch in die Küchenmaschine geben und die Zutaten grob hacken. Die übrigen Suppenzutaten hinzufügen und weitermixen, bis alles gleichmäßig vermischt, die Suppe aber noch etwas stückig ist. Zugedeckt für 2–4 Std. kalt stellen.

5. Die Gemüsesuppe in tiefen Tellern anrichten und vor dem Servieren mit den Mandeln und der Petersilie garnieren.

FÜR 4 PERSONEN

AUBERGINEN-DIP BABA GANOUSH

ZUBEREITUNGSZEIT: 15 Min.
GRILLZEIT: etwa 32 Min.

- 2 Auberginen (je etwa 450 g)
- 2 Knoblauchzehen, fein gehackt
- 4 EL frisch gepresster Zitronensaft
- 2 EL Tahin (Sesammus)
- 1 TL grobes Meersalz
- ½ TL gemahlener Kreuzkümmel
- ¼ TL frisch gemahlener schwarzer Pfeffer
- 1 kräftige Prise Cayennepfeffer
- 2 EL fein gehackte glatte Petersilienblätter
- 2 EL Olivenöl

1. Den Grill für direkte und indirekte mittlere Hitze (175–230 °C) vorbereiten.

2. Die Auberginen von allen Seiten zehnmal mit einer Gabel einstechen und über ***direkter mittlerer Hitze*** bei geschlossenem Deckel etwa 12 Min. grillen, dabei nach Bedarf wenden, bis ihre Haut rundherum angekohlt ist. Anschließend über ***indirekte mittlere Hitze*** legen und etwa 20 Min. weitergrillen, bis die Auberginen ganz weich sind und ihre Form verlieren. Vom Grill nehmen und etwas abkühlen lassen. Die Auberginen längs halbieren, das Fruchtfleisch mit einem Löffel herauslösen und in die Küchenmaschine geben.

3. Knoblauch, Zitronensaft, Tahin, Salz, Kreuzkümmel, Pfeffer und Cayennepfeffer zufügen, dann fünf- bis sechsmal die Impulstaste drücken, bis ein leicht stückiger Dip entsteht. Petersilie und 1 EL Öl dazugeben und erneut ein- bis zweimal kurz durchmixen. Baba Ganoush in eine kleine Servierschüssel füllen und mit 1 EL Öl beträufeln. Mit Pita-Brot oder Baguette servieren.

ERGIBT ETWA 500 ML

GRIECHISCHE KÄSECREME

MIT GEGRILLTEN PITA-ECKEN

ZUBEREITUNGSZEIT: 15 Min.
GRILLZEIT: 8–12 Min.

2 mittelgroße Jalapeño-Chilischoten
1 Knoblauchzehe, gehackt
Olivenöl
½ TL fein abgeriebene Schale von 1 Bio-Zitrone
1 EL frisch gepresster Zitronensaft
grobes Meersalz
¼ TL frisch gemahlener schwarzer Pfeffer
180 g Feta, zerbröckelt
125 g griechischer Naturjoghurt (10 %)
2 große Pita-Brote zum Füllen, jeweils in 8 Spalten geschnitten und die Spalten längs halbiert

TIPP!

Diese pikante Creme aus Schafskäse und Joghurt ist unter dem Namen *Tirosalata* in Griechenland als Vorspeise sehr beliebt. Die gegrillten Jalapeño-Chilis verleihen ihr eine rauchig getönte, pfeffrige Würze. Um die glatte Konsistenz zu erzielen, möglichst einen cremig-weichen Schafskäse anstelle des festen verwenden.

1. Den Grill für direkte mittlere Hitze (175–230 °C) vorbereiten.

2. Die Chilis über ***direkter mittlerer Hitze*** bei geschlossenem Deckel 6–8 Min. grillen, dabei ein- bis zweimal wenden, bis ihre Haut rundherum verkohlt ist und Blasen wirft. Vom Grill nehmen und abkühlen lassen. Den Stielansatz der Chilis entfernen, die Schoten entkernen und das Fruchtfleisch grob hacken.

3. Chilis mit Knoblauch, 4 EL Öl, Zitronenschale und -saft, ½ TL Salz und Pfeffer in der Küchenmaschine mischen. Feta und Joghurt zufügen und alles zu einer glatten Creme mixen. In eine kleine Servierschüssel füllen.

4. Die Pita-Ecken auf beiden Seiten mit etwas Öl bestreichen und leicht salzen. Über ***direkter mittlerer Hitze*** bei geschlossenem Deckel 2–4 Min. rösten, dabei einmal wenden.

5. Die Käsecreme raumtemperiert als Dip zu den Pita-Ecken servieren.

ERGIBT ETWA 350 ML

FEIGEN IM SERRANO-MANTEL

MIT ZIEGENKÄSEFÜLLUNG

ZUBEREITUNGSZEIT: 10 Min.
GRILLZEIT: 8–12 Min.
ZUBEHÖR: 8 Zahnstocher

8 feste, aber reife große Feigen, Stielansatz entfernt
8 TL Ziegenfrischkäse
8 dünne Scheiben Serrano-Schinken
2 Handvoll zarte junge Rucolablätter
Olivenöl
Aceto balsamico
frisch gemahlener schwarzer Pfeffer

1. Den Grill für indirekte mittlere bis starke Hitze vorbereiten (möglichst 220 °C).

2. Die Feigen an der Spitze kreuzweise einschneiden, behutsam auseinanderdrücken und mit je 2 TL Ziegenfrischkäse füllen. Die Fruchtzipfel über der Füllung wieder gut zusammendrücken. Außen an den Feigen haftenden Käse sorgfältig abwischen. Die Feigen quer mit je 1 Scheibe Schinken umwickeln. Durch jede Feige einen Zahnstocher stecken, um den Schinken zu fixieren.

3. Die Feigen mit der Füllung nach oben über ***indirekter mittlerer bis starker Hitze*** bei geschlossenem Deckel 8–12 Min. grillen, bis der Schinken knusprig wird und der Käse zu schmelzen beginnt.

4. Einen Servierteller mit den Rucolablättern auslegen. Die Feigen daraufsetzen und die Zahnstocher entfernen. Feigen und Rucola mit etwas Öl und ein wenig Essig beträufeln, zuletzt Pfeffer darüberstreuen. Sofort servieren.

FÜR 4–8 PERSONEN

KNOBLAUCH-BRUSCHETTE

MIT BASILIKUMÖL, PAPRIKA UND MOZZARELLA

½ Bund Basilikum (etwa 35 g), die Blätter abgezupft
80 ml Olivenöl
1 Knoblauchzehe, fein gehackt
grobes Meersalz
frisch gemahlener schwarzer Pfeffer
2 rote Paprikaschoten (je etwa 180 g)
4 Scheiben rustikales Weißbrot, je etwa 1 cm dick, quer halbiert
2 Knoblauchzehen, geschält, halbiert
2 Kugeln Mozzarella (250 g), in ½ cm dicke Scheiben geschnitten

1. Den Grill für direkte und indirekte mittlere Hitze (175–230 °C) vorbereiten.

2. Basilikumblätter mit Öl, Knoblauch, ¼ TL Salz und 1 kräftigen Prise Pfeffer in einem Universalzerkleinerer gut durchmixen, dabei das Gerät ein- bis zweimal abschalten und an den Wänden haftende Reste wieder nach unten schieben.

3. Die Paprikaschoten über ***direkter mittlerer Hitze*** bei geschlossenem Deckel 10–12 Min. grillen, dabei gelegentlich wenden, bis die Haut der Schoten rundherum verkohlt ist und Blasen wirft. Paprikaschoten in einer mit Frischhaltefolie abgedeckten Schüssel etwa 10 Min. ausdampfen lassen. Die verkohlte Haut abziehen, Stielansatz, Kerne und Trennwände entfernen, dann das Fruchtfleisch in ½ cm breite Streifen schneiden. In einer Schüssel mit 2 EL des Basilikumöls vermischen.

4. Die Brotscheiben über ***direkter mittlerer Hitze*** bei geschlossenem Deckel etwa 1 Minute ohne Wenden rösten, bis die Unterseite goldbraun ist. Vom Grill nehmen. Die gebräunten Brotseiten mit der Schnittfläche der Knoblauchhälften einreiben, leicht salzen, mit Mozzarellascheiben belegen und diese leicht salzen und pfeffern.

5. Die Brotscheiben mit der belegten Seite nach oben über ***indirekter mittlerer Hitze*** bei geschlossenem Deckel 1–2 Min. grillen, bis der Käse leicht geschmolzen ist. Auf einer Servierplatte anrichten und die Paprikastreifen auf dem Käse verteilen. Die Bruschette mit dem restlichen Basilikumöl beträufeln und sofort servieren.

FÜR 4 PERSONEN

GRILLGEMÜSE
AUF ZIEGENKÄSETOASTS

ZUBEREITUNGSZEIT: 20 Min.
GRILLZEIT: etwa 14 Min.

- 2 grüne oder gelbe Zucchini (etwa 350 g), längs in ½ cm dicke Scheiben geschnitten
- 1 Aubergine (etwa 350 g), quer in ½ cm dicke Scheiben geschnitten
- 1 große rote oder gelbe Paprikaschote (etwa 280 g), in 4 flache Stücke geschnitten
- Olivenöl
- 1 ¼ TL grobes Meersalz
- ¾ TL frisch gemahlener schwarzer Pfeffer
- 1 Baguette (etwa 400 g), in gut 1 cm dicke Scheiben geschnitten
- 2 Knoblauchzehen, geschält, halbiert
- 225 g Ziegenfrischkäse, raumtemperiert
- 2 EL fein gehackte Minzeblätter

1. Den Grill für direkte mittlere bis starke Hitze (200–230°C) vorbereiten.

2. Die Gemüsescheiben und -stücke auf beiden Seiten dünn mit Öl bestreichen und gleichmäßig mit Salz und Pfeffer würzen. Gegebenenfalls portionsweise über ***direkter mittlerer bis starker Hitze*** bei geschlossenem Deckel grillen, bis das Gemüse ein hübsches Grillmuster angenommen hat, dabei nach Bedarf wenden. Die Zucchini benötigen etwa 4 Min., die Aubergine etwa 10 Min. und die Paprika 12–14 Min. Fertiges Gemüse vom Grill nehmen, in mundgerechte Stücke schneiden und in eine Schüssel geben.

3. Die Baguettescheiben auf einer Seite dünn mit Öl bestreichen. Mit der eingeölten Seite nach unten über ***direkter mittlerer bis starker Hitze*** bei geschlossenem Deckel in 30–60 Sek. goldbraun rösten, dabei die Scheiben nicht wenden. Die gerösteten Brotseiten mit den Schnittflächen der Knoblauchhälften einreiben, anschließend gleichmäßig mit dem Frischkäse bestreichen. Gemüse mit etwas Öl beträufeln, durchmischen und jeweils 1 großen Löffel der Mischung auf den Toasts anrichten. Vor dem Servieren mit Minze bestreuen.

FÜR 6 PERSONEN

FILOTEIGPÄCKCHEN
MIT KÄSE-TRAUBEN-FÜLLUNG

ZUBEREITUNGSZEIT: 40 Min.
GRILLZEIT: 8–11 Min.
ZUBEHÖR: gelochte Grillpfanne

6 Frühlingszwiebeln, geputzt
Olivenöl
grobes Meersalz
frisch gemahlener schwarzer Pfeffer
150 g kernlose Trauben, jeweils halbiert
50 g Sultaninen
12 rechteckige TK-Filoteigblätter, aufgetaut
Mehl
200 g Brie-Käse, angefroren, Rinde entfernt, in Stifte geschnitten
1 Eiweiß, mit 1 Prise Salz leicht verquirlt

1. Den Grill für direkte und indirekte mittlere bis starke Hitze (200–230 °C) vorbereiten und die gelochte Grillpfanne über direkter Hitze vorheizen.

2. Die Frühlingszwiebeln dünn mit Öl bestreichen und jeweils mit je 1 Prise Salz und Pfeffer würzen. In der Grillpfanne über ***direkter mittlerer bis starker Hitze*** bei geschlossenem Deckel 3–4 Min. grillen, bis sie stellenweise gebräunt und etwas weich geworden sind, dabei einmal wenden. Vom Grill nehmen. Die Grillpfanne über indirekte Hitze stellen. Frühlingszwiebeln grob hacken.

3. In einer kleinen Schüssel gehackte Frühlingszwiebeln, Trauben und Sultaninen vermengen. 1 Teigblatt auf die leicht bemehlte Arbeitsfläche legen und gleichmäßig dünn mit Öl bestreichen. Das Teigblatt der Länge nach zweimal hintereinander in der Mitte zusammenfalten. 1 gehäuften EL der Traubenmischung auf den Anfang des Teigstreifens geben, dabei zu den Rändern 2 ½ cm frei lassen. Auf die Traubenmischung etwa 15 g Käsestifte legen. Die Teigränder mit Eiweiß bestreichen. Den Teigstreifen zu einem Dreieck wickeln. Dafür eine Teigecke diagonal über die Füllung klappen, sodass eine Dreiecksform entsteht. Anschließend jeweils gegenläufig weiterwickeln, bis das Ende des Teigstreifens erreicht und die Füllung komplett eingeschlossen ist. Die Teigränder sorgfältig andrücken, dabei nach Bedarf noch mit etwas Eiweiß bestreichen. Das Päckchen mit der Naht nach unten auf ein Backblech legen. Restliche Teigblätter und Füllung genauso verarbeiten. Die Päckchen auf der Oberseite dünn mit Öl bestreichen.

4. Die Päckchen in der Grillpfanne über ***indirekter mittlerer bis starker Hitze*** bei geschlossenem Deckel in 5–6 Min. goldbraun und knusprig backen. Auf einer Servierplatte anrichten und warm servieren.

FÜR 4–6 PERSONEN

MOZZARELLA IM BASILIKUM-SCHINKEN-MANTEL

AUF ROSMARINSPIESSEN

ZUBEREITUNGSZEIT: 20 Min.
GRILLZEIT: 3–4 Min.
ZUBEHÖR: gelochte Grillpfanne

24 Zweige Rosmarin (je 8–10 cm lang), ersatzweise Zahnstocher
24 Mini-Mozzarellakugeln (etwa 200–220 g), abgetropft
1 TL frisch gemahlener schwarzer Pfeffer
24 mittelgroße Basilikumblätter
8 dünne Scheiben Prosciutto (italienischer roher Schinken), jeweils längs in 3 Streifen geschnitten
Olivenöl aus der Sprühflasche
1 kleine Zitrone, quer halbiert

1. Den Grill für indirekte starke Hitze (230 bis 290 °C) vorbereiten und die gelochte Grillpfanne vorheizen.

2. Von den Rosmarinzweigen, am unteren Ende beginnend, die Nadeln über eine Länge von etwa 4 cm abstreifen; die restlichen Nadeln jeweils am Zweig lassen. Die Mozzarellakugeln mit dem Pfeffer vermischen. Die Kugeln anschließend mit je 1 Basilikumblatt umhüllen und in 1 Schinkenstreifen wickeln, sodass sich die Ränder überlappen und der Käse vollständig eingeschlossen ist. Jeweils 1 Mozzarellakugel vom unteren Ende her auf 1 Rosmarinzweig stecken.

3. Die Nadeln an den Rosmarinspießen mit Olivenöl einsprühen, damit sie beim Grillen nicht schwarz werden. Die Spieße nebeneinander in die Grillpfanne legen. Über ***indirekter starker Hitze*** bei geschlossenem Deckel 3–4 Min. grillen, bis der Mozzarella weich, aber noch nicht vollständig geschmolzen, und der Schinken nur leicht gebräunt ist. (Die Spieße gegebenenfalls portionsweise grillen.) Auf einer Servierplatte anrichten und mit Zitronensaft beträufeln. Warm servieren.

FÜR 4–6 PERSONEN

POLENTASCHNITTEN
MIT SALSICCIA-TOMATEN-SAUCE

ZUBEREITUNGSZEIT: 15 Min., plus etwa 30 Min. für die Sauce
RUHEZEIT: 1 Std.
GRILLZEIT: 6–8 Min.

250 g Instant-Polenta (Maisgrieß)
500 ml Gemüse- oder Hühnerbrühe
250 ml Vollmilch
1 EL Olivenöl
350 g milde oder pikante italienische Salsiccia-Würste, Wursthaut entfernt
200 g weiße oder braune Zwiebeln, fein gewürfelt
1 Stange Sellerie, fein gewürfelt
3 Knoblauchzehen, fein gehackt
2 Zweige Thymian, Blättchen abgestreift
1 ½ EL Tomatenmark
250 ml trockener Rotwein (z. B. Syrah)
90 g sonnengetrocknete Tomaten in Öl, abgetropft, fein gehackt
250 g stückige Tomaten (Dose oder Karton)
grobes Meersalz
frisch gemahlener schwarzer Pfeffer
6 EL frisch geriebener Parmesan

1. Die Polenta nach Packungsanweisung zubereiten, dabei Brühe und Milch anstelle des verlangten Wassers verwenden. Es soll ein sehr dicker Maisbrei entstehen.

2. Ein kleines Backblech (30 x 20 cm) mit Wasser abbrausen und trockenschütteln. Das Blech mit Backpapier auslegen. Den Maisbrei daraufgeben und mit einem mit Wasser befeuchteten Küchenspatel gleichmäßig etwa 1 cm dick verstreichen. Bei Raumtemperatur 1 Std. ruhen lassen.

3. In einer mittelgroßen Pfanne (mit passendem Deckel) 1 EL Öl auf mittlerer Stufe erhitzen. Das Wurstbrät 6–8 Min. darin braten, bis es leicht gebräunt ist und etwas Fett abgegeben hat, dabei immer wieder mit einem Holzlöffel rühren und größere Brätstücke zerteilen. Zwiebeln und Sellerie untermischen. Die Pfanne verschließen und alles auf kleiner Stufe unter gelegentlichem Rühren etwa 10 Min. garen, bis die Zwiebelwürfel etwas weicher sind. Knoblauch und Thymian unterrühren und 1 Min. mitgaren, dann Tomatenmark und Wein einrühren. Die Temperatur erhöhen, den Bratensatz sorgfältig losrühren und das Ganze köcheln lassen, bis die Flüssigkeit nach 2–3 Min. um etwa ein Drittel reduziert ist. Sonnengetrocknete und stückige Tomaten unterrühren und die Sauce mit ¼ TL Salz und ½ TL Pfeffer würzen. Die Pfanne wieder verschließen und die Sauce auf sehr kleiner Stufe 8–10 Min. einköcheln lassen, dabei gelegentlich umrühren (nach der Hälfte der Garzeit bei Bedarf 1–2 EL Wasser zufügen). Vom Herd nehmen und zugedeckt warm stellen.

4. Den Grill für direkte starke Hitze (230–290 °C) vorbereiten.

5. Die Polenta in 12 Rechtecke schneiden. Auf beiden Seiten großzügig mit Öl bestreichen und gleichmäßig mit Salz und Pfeffer würzen. Über ***direkter starker Hitze*** bei geschlossenem Deckel 6–8 Min. grillen, bis die Polentaschnitten ein hübsches Grillmuster angenommen haben, dabei einmal wenden. Auf einzelnen Tellern anrichten, Sauce darübergeben und mit Parmesan bestreuen.

FÜR 4–6 PERSONEN

LAMMKÖFTE
MIT CHILI-PAPRIKA-DIP

ZUBEREITUNGSZEIT: 40 Min.
KÜHLZEIT: 1–2 Std.
GRILLZEIT: 20–25 Min.
ZUBEHÖR: 24 Holz- oder Bambusspieße, mind. 30 Min. gewässert

Für die Köfte
1 kg Hackfleisch vom Lamm
100 g Zwiebeln, fein gewürfelt
½ kleines Bund Minze (etwa 20 g), die Blätter fein gehackt
½ kleines Bund Koriandergrün (etwa 20 g), die Blätter fein gehackt
2 TL gemahlener Kreuzkümmel
1 ½ TL grobes Meersalz
3 Knoblauchzehen, fein gehackt
1 TL Paprikapulver
1 TL gemahlener Koriander
½ TL frisch gemahlener schwarzer Pfeffer
1 kräftige Prise Cayennepfeffer (oder nach Geschmack)

Für den Dip
2 rote Paprikaschoten (je etwa 200 g)
1 rote Jalapeño-Chilischote
1 EL Olivenöl
1 TL gemahlener Kreuzkümmel
½ TL grobes Meersalz
½ TL gemahlener Koriander
2 kleine Knoblauchzehen, gehackt
¼ TL frisch gemahlener schwarzer Pfeffer

Olivenöl

1. Die Zutaten für die Köfte gleichmäßig vermengen. Die Hackfleischmasse in 24 gleich große Portionen teilen. Je 1 Fleischportion um 1 Holzspieß drücken und dabei zu einem ovalen Bällchen von 5–6 ½ cm Länge und etwa 2 ½ cm Breite formen. Die Spieße auf ein Backblech legen, mit Frischhaltefolie abdecken und für 1–2 Std. kalt stellen.

2. Den Grill für direkte mittlere Hitze (175–230 °C) vorbereiten.

3. Für den Dip Paprikaschoten und Chili über ***direkter mittlerer Hitze*** bei geschlossenem Deckel 10–12 Min. grillen und nach Bedarf wenden, bis die Haut der Schoten rundherum schwarz ist und Blasen wirft. Vom Grill nehmen und in einer mit Frischhaltefolie abgedeckten Schüssel 10 Min. ausdampfen lassen. Die verkohlte Haut der Schoten abziehen, Stielansatz, Trennwände und Kerne entfernen, dann das Fruchtfleisch grob hacken.

4. Paprika und Chili zusammen mit den übrigen Dip-Zutaten in die Küchenmaschine geben und alles glatt pürieren. In eine Servierschüssel füllen.

5. Die Fleischbällchen dünn mit Öl bestreichen. Die Spieße, gegebenenfalls portionsweise, über ***direkter mittlerer Hitze*** bei geschlossenem Deckel etwa 10 Min. grillen und nach Bedarf wenden, bis die Köfte durchgegart und rundherum gebräunt sind. Warm servieren und den Dip dazu reichen.

FÜR 6 PERSONEN,
FÜR 12 PERSONEN ALS VORSPEISE

NUDELSALAT

MIT SALSICCIA, GEGRILLTEN TOMATEN UND SALBEI

ZUBEREITUNGSZEIT: 30 Min.
GRILLZEIT: 8–10 Min.
ZUBEHÖR: gelochte Grillpfanne

4 feste, aber reife Tomaten (je etwa 180 g)
1 EL Olivenöl
2 Knoblauchzehen, fein gehackt
2 TL gehackte Salbeiblätter
grobes Meersalz
frisch gemahlener schwarzer Pfeffer
500 g milde oder pikante italienische Salsiccia-Würste

Für das Dressing

100 g Schalotten, fein gewürfelt
80 ml Olivenöl
1 EL Dijon-Senf
1 EL Rotweinessig

500 g Penne oder eine andere röhrenförmige Pastasorte
60 g zarte junge Rucola- oder Spinatblätter, grob gehackt
60 g Pecorino, grob gerieben

1. Den Grill für direkte mittlere bis starke Hitze (200–260 °C) vorbereiten und die gelochte Grillpfanne etwa 5 Min. vorheizen.

2. Die Tomaten längs vierteln, entkernen und den dabei austretenden Saft auffangen (er kommt später in das Dressing). Die Tomatenviertel mit der Schnittfläche nach unten 5 Min. auf Küchenpapier abtropfen lassen.

3. In einer mittelgroßen Schüssel Öl, Knoblauch, Salbei, ½ TL Salz und ¼ TL Pfeffer verrühren. Die Tomatenviertel darin wenden, bis sie gleichmäßig mit dem Würzöl überzogen sind. Mit der Schnittfläche nach unten nebeneinander in die Grillpfanne legen und über ***direkter mittlerer bis starker Hitze*** bei geschlossenem Deckel 3–4 Min. grillen, dabei einmal wenden, bis sie auf beiden Seiten ein Grillmuster angenommen haben, aber noch nicht weich sind oder zerfallen. Gleichzeitig die Würste über ***direkter mittlerer bis starker Hitze*** 8–10 Min. unter gelegentlichem Wenden grillen, bis sie durchgegart sind (Kerntemperatur 70 °C). Fertig gegarte Zutaten vom Grill nehmen. Die Tomaten etwas abkühlen lassen, dann grob würfeln. Die Würste schräg in 1 cm dicke Scheiben schneiden und die Scheiben halbieren.

4. In einer großen Schüssel die Dressingzutaten zusammen mit dem aufgefangenen Tomatensaft, 1 TL Salz und ½ TL Pfeffer gründlich verrühren.

5. In einem großen Topf reichlich Wasser sprudelnd zum Kochen bringen und 1 EL Salz hineingeben. Die Penne darin nach Packungsanweisung garen, dabei häufig umrühren. Abseihen und gut abtropfen lassen, anschließend sofort in die Schüssel mit dem Dressing geben und gründlich durchmischen. Tomatenwürfel, Wurststücke, Rucola und den Pecorino bis auf 1 kleine Handvoll untermischen. Den Nudelsalat mit Salz und Pfeffer abschmecken. Mit dem restlichen Pecorino bestreuen und nach Belieben warm, raumtemperiert oder gekühlt servieren.

FÜR 4–6 PERSONEN

PTITIM-SALAT

MIT GEGRILLTEM LAMM, FETA UND MINZE

ZUBEREITUNGSZEIT: 20 Min.
GRILLZEIT: 4–6 Min.

600 g ausgelöste Lammkeule oder Lammlachs, in 1 cm dicke Scheiben geschnitten
Olivenöl
grobes Meersalz
frisch gemahlener schwarzer Pfeffer
½ TL getrockneter Thymian
200 g weiße oder braune Zwiebeln, fein gewürfelt
250 g Ptitim (Perl-Couscous; siehe Tipp)
500 ml Hühnerbrühe
fein abgeriebene Schale und Saft von 1 Bio-Zitrone
1 kleines Bund Minze (etwa 40 g), die Blätter fein gehackt
120 g Feta, fein zerbröckelt

TIPP!

Ptitim, auch israelischer Couscous oder Perl-Couscous genannt, sind vorgegarte kugelförmige Nudeln, die allerdings nicht leicht zu bekommen sind. Ersatzweise können Sie italienische Orzo-Nudeln oder griechische Kritharaki verwenden.

1. Die Fleischscheiben auf beiden Seiten mit insgesamt 2 EL Öl bestreichen, dann mit ¾ TL Salz, ½ TL Pfeffer und dem Thymian würzen. Bis zu 1 Std. bei Raumtemperatur oder bis zu 2 Std. im Kühlschrank ruhen lassen. Gekühltes Fleisch vor dem Grillen 15–30 Min. Raumtemperatur annehmen lassen.

2. Den Grill für direkte mittlere bis starke Hitze (200–230°C) vorbereiten.

3. In einem mittelgroßen Topf 1 EL Öl auf mittlerer Stufe erhitzen. Darin die Zwiebeln etwa 5 Min. unter gelegentlichem Rühren dünsten, bis sie etwas weicher sind. Die Ptitim-Nudeln dazugeben und unter ständigem Rühren in 5–6 Min. leicht bräunen. Die Hühnerbrühe zusammen mit 1 TL Salz und ¼ TL Pfeffer zufügen, auf hoher Stufe aufkochen, dann auf mittlerer bis kleiner Stufe bei schräg aufgelegtem Deckel 8–10 Min. köcheln lassen, bis die Ptitim-Nudeln die gesamte Flüssigkeit aufgenommen haben. Gegarte Nudeln in eine große Schüssel füllen, mit 4 EL Öl beträufeln und mit einer Gabel auflockern.

4. Das Lammfleisch über ***direkter mittlerer bis starker Hitze*** bei geschlossenem Deckel bis zum gewünschten Gargrad grillen, etwa 4–6 Min. für medium rare, also rosa/rot, dabei einmal wenden. Vom Grill nehmen und 5 Min. nachziehen lassen.

5. Zitronenschale und -saft, ¾ der Minze und den Feta unter die Ptitim-Nudeln mischen. Mit Salz und Pfeffer abschmecken und nochmals mit einer Gabel auflockern. Den Salat auf vier Teller verteilen. Das Lammfleisch quer in mundgerechte Stücke schneiden und auf dem Salat anrichten. Mit der restlichen Minze bestreut servieren.

FÜR 4 PERSONEN

BROTSALAT
MIT HÄHNCHEN, KORINTHEN UND PINIENKERNEN

ZUBEREITUNGSZEIT: 25 Min.
GRILLZEIT: 10–15 Min.
ZUBEHÖR: gelochte Grillpfanne

Für das Dressing

1 große Knoblauchzehe, fein gehackt
1 ½ EL Aceto balsamico
1 EL Mayonnaise
1 EL Dijon-Senf

grobes Meersalz
frisch gemahlener schwarzer Pfeffer
Olivenöl
4 Hähnchenbrustfilets (je etwa 180 g)
1 EL Butter, zerlassen
180 g französisches oder italienisches Weißbrot vom Vortag, entrindet, in 2 ½ cm große Würfel geschnitten
120 g gemischte zarte Salatblätter einschließlich Radicchio
50 g Korinthen
50 g Pinienkerne, geröstet (siehe Tipp)
¼ kleine rote Zwiebel, in feinen Streifen

1. In einer großen Salatschüssel die Dressingzutaten zusammen mit ½ TL Salz und ¼ TL Pfeffer verrühren. 80 ml Öl langsam unterschlagen, bis eine Emulsion entsteht. Beiseitestellen.

2. Die Hähnchenbrustfilets auf beiden Seiten mit Öl bestreichen und gleichmäßig mit Salz und Pfeffer würzen.

3. In einer zweiten Schüssel 3 EL Öl mit der flüssigen Butter verrühren. Die Brotwürfel darin wenden, bis sie von Fett überzogen sind.

4. Den Grill für direkte mittlere bis starke Hitze (200–230 °C) vorbereiten und die gelochte Grillpfanne etwa 10 Min. vorheizen.

5. Die Brotwürfel in einer Lage in die Grillpfanne geben. Bei geöffnetem Grilldeckel über ***direkter mittlerer bis starker Hitze*** in 2–3 Min. goldbraun rösten, dabei ein- bis zweimal durchmischen und aufpassen, dass das Brot nicht verbrennt. Sofort zum Dressing in die Salatschüssel geben. Die Pfanne mit Grillhandschuhen vom Grill nehmen.

6. Die Hähnchenbrustfilets über ***direkter mittlerer bis starker Hitze*** bei geschlossenem Deckel 8–12 Min. grillen, bis sich das Fleisch fest anfühlt und auch im Kern nicht mehr rosa ist, dabei einmal wenden. Vom Grill nehmen und in mundgerechte Stücke schneiden.

7. Hähnchen, Salatblätter, Korinthen, Pinienkerne und Zwiebel in die Salatschüssel geben und alles gut vermischen. Mit Salz und Pfeffer abschmecken. Auf vier Teller verteilen und sofort servieren.

FÜR 4 PERSONEN

TIPP!

Pinienkernen entweder auf einem Backblech im 180 °C heißen Backofen 5 bis 7 Min. rösten oder in einer Pfanne ohne Fett bei mittlerer Hitze auf dem Herd. Sie verbrennen schnell, deshalb nicht unbeaufsichtigt lassen! Sobald die gewünschte Farbe erreicht ist, die Kerne sofort vom Backblech oder aus der Pfanne nehmen, damit sie nicht nachbräunen.

NIZZA-SALAT

MIT GEGRILLTEM THUNFISCH UND GERÖSTETEM KNOBLAUCHBROT

ZUBEREITUNGSZEIT: 40 Min.
GRILLZEIT: 2–3 Min.

Für das Dressing

3 EL fein gewürfelte Schalotten
1 ½ EL Rotweinessig
2 TL fein gehackte glatte Petersilienblätter
1 ½ TL Dijon-Senf
1 Knoblauchzehe, fein gehackt

grobes Meersalz
frisch gemahlener schwarzer Pfeffer
Olivenöl
8 golfballgroße neue Kartoffeln (etwa 500 g), geviertelt
120 g grüne Bohnen (vorzugsweise Prinzessbohnen), geputzt
2 Steaks vom Gelbflossen-Thunfisch (je 180–200 g)
4 Scheiben rustikales französisches oder italienisches Weißbrot, je gut 1 cm dick
1 Knoblauchzehe, geschält und halbiert
1 Kopfsalat (davon 16 schöne Blätter)
4 Sardellenfilets, behutsam abgebraust und trockengetupft
1 EL Kapern, abgebraust und abgetropft
50 g abgetropfte kleine schwarze Oliven in Salzlake (vorzugsweise Cailletier-Oliven)
4 hart gekochte Eier (Größe L), gepellt, längs halbiert

1. In einer kleinen Schüssel die Dressingzutaten zusammen mit ½ TL Salz und ½ TL Pfeffer verrühren. Langsam 80 ml Öl unterschlagen, bis eine Emulsion entsteht. Beiseitestellen.

2. Die Kartoffeln in kochendem Salzwasser in 7–10 Min. weich garen; sie sollen sich mit der Spitze eines Messers mühelos einstechen lassen, dürfen aber nicht zerfallen. Mit einem Schaumlöffel herausheben und in einem Sieb kalt abbrausen, um den Garprozess zu stoppen. Die Kartoffeln abtropfen lassen, dann in einer Schüssel sofort mit 2 EL des Dressings gründlich vermischen. Das Kartoffelkochwasser erneut aufkochen und darin die Bohnen blanchieren, bis sie bissfest und noch leuchtend grün sind (rechnen Sie 2–3 Min. für Prinzessbohnen und 4–5 Min. für etwas dickere Bohnen). Abseihen, kalt abschrecken, danach auf Küchenpapier abtropfen und abkühlen lassen.

3. Den Grill für direkte starke Hitze (230–290 °C) vorbereiten.

4. Den Thunfisch auf beiden Seiten dünn mit Öl bestreichen und gleichmäßig mit insgesamt ½ TL Salz und ¼ TL Pfeffer würzen. Die Brotscheiben ebenfalls auf beiden Seiten mit Öl bestreichen. Die Thunfischsteaks über ***direkter starker Hitze*** bei geöffnetem Deckel bis zum gewünschten Gargrad grillen, 2–3 Min., wenn sie rare, also im Kern noch roh sein sollen, dabei einmal wenden. Während der letzten Minute das Brot über direkter Hitze rösten, dabei die Scheiben einmal wenden. Vom Grill nehmen und die Brote auf einer Seite mit den Schnittflächen der Knoblauchhälften einreiben. Die Thunfischsteaks in fingerdicke Streifen schneiden.

5. Vier Teller jeweils mit 4 Salatblättern auslegen. Darauf zu gleichen Teilen Thunfisch, Kartoffeln, Bohnen, Sardellen, Kapern und Oliven sowie 2 Eihälften anrichten. Mit dem restlichen Dressing beträufeln und den Salat mit den gerösteten Knoblauchbroten servieren.

FÜR 4 PERSONEN

BOHNEN-CHAMPIGNON-SALAT

MIT GEGRILLTEM HALLOUMI

ZUBEREITUNGSZEIT: 20 Min.
GRILLZEIT: 4–6 Min.
ZUBEHÖR: gelochte Grillpfanne

500 g grüne Bohnen (vorzugsweise Prinzessbohnen), geputzt
180 g Halloumi (siehe Tipp), in gut 1 cm dicke Scheiben geschnitten
Olivenöl aus der Sprühflasche
frisch gemahlener schwarzer Pfeffer
80 ml Olivenöl
2 EL frisch gepresster Zitronensaft
2 EL Pinienkerne, geröstet und grob gehackt
½ TL grobes Meersalz
180 g weiße oder braune Champignons, geputzt, in ½ cm dicke Scheiben geschnitten

TIPP!

Halloumi ist ein halbfester, salziger Käse aus Zypern. Er ist hervorragend zum Grillen geeignet, da er beim Erhitzen nicht schmilzt. Halloumi ist mittlerweile in jedem gut sortierten Supermarkt erhältlich.

1. Die Bohnen in einem großen Topf mit kochendem Salzwasser je nach Dicke 2–5 Min. blanchieren (sie sollen anschließend noch leuchtend grün und leicht knackig sein). Sofort abseihen und kalt abbrausen, bis sie abgekühlt sind. Auf einem mit Küchenpapier belegten Backblech auslegen und vor dem Servieren bis zu 2 Std. beiseitestellen. Bohnen, die länger als 9 cm sind, in der Mitte durchschneiden.

2. Den Grill für direkte mittlere bis starke Hitze (200–230 °C) vorbereiten und die gelochte Grillpfanne vorheizen.

3. Die Halloumi-Scheiben auf beiden Seiten dünn mit Olivenöl einsprühen und jeweils mit 1 Prise Pfeffer würzen. Nebeneinander in die Grillpfanne legen und über ***direkter mittlerer bis starker Hitze*** bei geöffnetem Deckel 4–6 Min. grillen, bis der Käse goldbraun ist, dabei mit einem Grillwender aus Metall einmal wenden. Vom Grill nehmen und 5 Min. ruhen lassen. Die Käsescheiben längs dritteln, dann quer in 1 cm große Würfel schneiden (falls diese auseinanderbrechen, macht das nichts).

4. In einer mittelgroßen flachen Servierschüssel 80 ml Öl mit Zitronensaft, Pinienkernen, Salz und ½ TL Pfeffer verrühren. Bohnen und Champignons zum Dressing geben und gründlich vermischen. Den Salat mit den gegrillten Käsewürfeln bestreuen und servieren.

FÜR 4 PERSONEN

RUCOLASALAT

MIT GEGRILLTEN BIRNEN, PECORINO UND HASELNÜSSEN

ZUBEREITUNGSZEIT: 10 Min.
GRILLZEIT: 6–8 Min.

4 EL Haselnusskerne

Für das Dressing

2 EL fein gewürfelte Schalotten
2 EL Rotweinessig
1 EL frisch gepresster Zitronensaft
1 TL Dijon-Senf
½ TL grobes Meersalz
¼ TL frisch gemahlener schwarzer Pfeffer
80 ml Olivenöl

3 feste, aber reife Birnen (z. B. Anjou), gewaschen, ungeschält längs halbiert, entkernt
120 g zarte junge Rucolablätter
30 g Pecorino, mit einem Sparschäler in Späne gehobelt

1. Den Backofen auf 180 °C vorheizen. Die Haselnüsse auf einem kleinen Blech mit Rand im heißen Ofen 10–12 Min. rösten, bis sie gebräunt sind und duften, dabei das Blech ein- bis zweimal rütteln. Die Nüsse abkühlen lassen; anschließend zwischen den Handflächen oder in einem Küchentuch die Haut abrubbeln. Grob hacken und beiseitestellen.

2. In einer kleinen Schüssel die Dressingzutaten bis auf das Öl verrühren. Langsam das Öl unterschlagen, bis eine Emulsion entsteht.

3. Den Grill für direkte mittlere Hitze (175–230 °C) vorbereiten.

4. Die Birnenhälften auf beiden Seiten dünn mit Dressing bepinseln. Mit der Schnittfläche nach unten über ***direkter mittlerer Hitze*** bei geschlossenem Deckel 4–5 Min. grillen, bis sie stellenweise gebräunt sind und etwas weich werden. Die Birnen wenden, mit ein wenig Dressing bestreichen und weitere 2–3 Min. grillen, bis sie weich, aber immer noch fest sind. Vom Grill nehmen und 5 Min. abkühlen lassen. Die Birnen der Länge nach in ½ cm dicke Spalten schneiden, dabei das Messer 2½ cm unterhalb der Spitze ansetzen, sodass die Spalten noch am Stielansatz zusammenhängen.

5. In einer großen Schüssel Rucola und Pecorino mit so viel Dressing vermischen, dass die Rucolablätter fein mit Dressing überzogen sind. Den Salat auf sechs Tellern anrichten und auf jeder Portion 1 Birnenhälfte auffächern. Mit den Haselnüssen garnieren und sofort servieren.

FÜR 6 PERSONEN

THUNFISCHSTEAKS
MIT MINZEFRISCHER GURKEN-SULTANINEN-SALSA

ZUBEREITUNGSZEIT: 15 Min.
GRILLZEIT: 5–6 Min.

Für die Salsa
1 Stück Salatgurke (etwa 180 g), geschält, entkernt, klein gewürfelt
4 EL gehackte Sultaninen
4 EL fein gehackte Minzeblätter
2 EL fein gewürfelte rote Zwiebeln
2 EL Olivenöl
1 EL frisch gepresster Zitronensaft
1 ½ TL Kapern, abgebraust, gehackt
¼ TL frisch gemahlener schwarzer Pfeffer
¼ TL grobes Meersalz

Für die Würzpaste
4 EL Olivenöl
1 EL gehackte Dillspitzen
1 EL gehackte Oreganoblättchen
1 EL fein gehackter Knoblauch
1 TL fein abgeriebene Schale von 1 Bio-Zitrone
1 TL grobes Meersalz
½ TL Chiliflocken

4 Thunfischsteaks (je etwa 180 g schwer und 2 cm dick)

1. Die Zutaten für die Salsa in einer kleinen Schüssel vermischen. Bis zum Servieren beiseitestellen.

2. Die Zutaten für die Würzpaste verrühren. Die Thunfischsteaks auf beiden Seiten gleichmäßig mit der Paste einreiben.

3. Den Grill für direkte starke Hitze (230–290 °C) vorbereiten.

4. Die Steaks über ***direkter starker Hitze*** bei geschlossenem Deckel grillen, bis der gewünschte Gargrad erreicht ist, dabei einmal wenden; für medium, also halb durch, grillen Sie die Thunfischsteaks 5–6 Min. Vom Grill nehmen und sofort mit der Salsa servieren.

FÜR 4 PERSONEN

LACHS
MIT GRÜNER OLIVEN-TAPENADE

ZUBEREITUNGSZEIT: 20 Min.
GRILLZEIT: 6–10 Min.

Für die Tapenade

4 EL (etwa 35 g) braune Mandelkerne, geröstet
220 g entsteinte grüne Oliven (vorzugsweise Picholine-Oliven)
3 EL Olivenöl
2 EL fein gehackte glatte Petersilienblätter (nach Belieben)
2 TL Kapern, abgebraust und abgetropft
1 TL fein abgeriebene Schale von 1 Bio-Zitrone
1 TL frisch gepresster Zitronensaft
½ TL frisch gemahlener schwarzer Pfeffer
1 Knoblauchzehe, fein gehackt

6 Lachsfilets mit Haut (je etwa 180–220 g schwer und 2½ cm dick), Gräten entfernt
Olivenöl
1 TL grobes Meersalz
¾ TL frisch gemahlener schwarzer Pfeffer
1 Zitrone, in 6 Spalten geschnitten

1. Mandeln in der Küchenmaschine grob hacken. Die übrigen Tapenade-Zutaten zufügen und mit der Impulstaste mixen, bis alles fein gehackt und gut vermischt ist.

2. Den Grill für direkte starke Hitze (230–290 °C) vorbereiten.

3. Die Lachsfilets auf der Fleischseite großzügig mit Öl bepinseln und gleichmäßig salzen und pfeffern. Mit der Fleischseite nach unten über ***direkter starker Hitze*** bei geschlossenem Deckel grillen, bis sich die Filets nach 4–6 Min. leicht vom Rost lösen lassen, ohne haften zu bleiben. Wenden und auf der Hautseite bis zum gewünschten Gargrad fertig grillen, für medium rare, also halb durch, weitere 2–4 Min. Nach Belieben die Filets mit einem Grillwender von der Haut abheben, auf einzelnen Tellern anrichten und auf jedes Filet 2–3 EL Tapenade geben (restliche Tapenade für eine andere Verwendung in den Kühlschrank stellen). Mit den Zitronenspalten sofort servieren.

FÜR 6 PERSONEN

TIPP!

Die Tapenade nicht zu lange mixen, sie soll am Ende noch leicht stückig sein. Sie lässt sich bis zu 2 Tage im Voraus zubereiten.

SCHWERTFISCH

MIT TOMATEN-PAPRIKA-SAUCE UND OLIVEN

ZUBEREITUNGSZEIT: 30 Min.
GRILLZEIT: 15–19 Min.

1 rote Paprikaschote (200–220 g)
Olivenöl
1 große Knoblauchzehe, fein gehackt
¼ TL Chiliflocken
1 Dose (400 g) geschälte italienische Eiertomaten
125 ml trockener Weißwein
½ TL getrockneter Oregano
80 g entsteinte schwarze Oliven (vorzugsweise Kalamata-Oliven), abgetropft, längs halbiert
1 ½ EL Rotweinessig
grobes Meersalz
frisch gemahlener schwarzer Pfeffer
4 Schwertfischsteaks (je 180–220 g schwer und 2 ½ cm dick)
4 EL fein gehackte glatte Petersilienblätter

TIPP!

Anstelle des Schwertfischs können Sie auch andere Fische mit festem, weißem Fleisch, beispielsweise Heilbutt oder Seeteufel, verwenden. Die Grillzeit je nach Dicke der Steaks entsprechend angleichen.

1. Den Grill für direkte starke Hitze (230–290 °C) vorbereiten.

2. Die Paprikaschote über ***direkter starker Hitze*** bei geschlossenem Deckel 10–12 Min. grillen, dabei gelegentlich wenden, bis ihre Haut rundherum schwarz ist und Blasen wirft. In einer mit Frischhaltefolie abgedeckten Schüssel etwa 10 Min. ausdampfen lassen. Die verkohlte Haut der Paprika abziehen, Stielansatz, Kerne und Trennwände entfernen, anschließend das Paprikafruchtfleisch in Streifen schneiden.

3. In einer mittelgroßen Pfanne 1 EL Öl auf mittlerer Stufe erhitzen. Knoblauch und Chiliflocken etwa 1 Min. darin andünsten, bis es duftet. Tomaten, Wein und Oregano zufügen, aufkochen, dann auf mittlerer bis kleiner Stufe 5 Min. köcheln lassen. Paprikastreifen, Oliven, Essig, ¾ TL Salz und ¼ TL Pfeffer untermischen. Die Sauce ohne Deckel auf mittlerer bis kleiner Stufe 10–12 Min. einköcheln lassen, dabei mit einem Holzlöffel gelegentlich umrühren und die Tomaten dabei zerkleinern.

4. Die Schwerfischsteaks großzügig mit Öl einpinseln und gleichmäßig mit insgesamt ¾ TL Salz und ½ TL Pfeffer würzen. Über ***direkter starker Hitze*** bei geschlossenem Deckel 5–7 Min. grillen, bis sie im Kern nicht mehr glasig, aber noch saftig sind, dabei einmal wenden. Auf einzelnen Tellern mit etwas Sauce anrichten und mit Petersilie garniert sofort servieren.

FÜR 4 PERSONEN

WOLFSBARSCH
MIT PETERSILIEN-FENCHEL-GREMOLATA

ZUBEREITUNGSZEIT: 10 Min.
MARINIERZEIT: bis zu 30 Min.
GRILLZEIT: 8–10 Min.

Für die Marinade
2 EL frisch gepresster Orangensaft
2 EL Olivenöl
½ TL grobes Meersalz
¼ TL frisch gemahlener schwarzer Pfeffer

4 Wolfsbarschfilets (je 180–22 g schwer und 2½–3½ cm dick)

Für die Gremolata
½ Bund glatte Petersilie (etwa 30 g), die Blätter fein gehackt
1 Handvoll Fenchelgrün, fein gehackt
2 EL fein gehackte ungesalzene Pistazienkerne
2 EL Olivenöl
1 TL fein abgeriebene Schale von 1 Bio-Orange
2 TL frisch gepresster Orangensaft
¼ TL grobes Meersalz
1 kräftige Prise frisch gemahlener schwarzer Pfeffer

1. Die Zutaten für die Marinade in einer kleinen Schüssel verrühren.

2. Die Fischfilets nebeneinander in eine Auflaufform legen. Mit der Marinade übergießen und darin wenden. Abgedeckt in den Kühlschrank stellen und inzwischen den Grill vorbereiten und die Gremolata zubereiten. Die Marinierzeit sollte 30 Min. nicht übersteigen.

3. Den Grill für direkte starke Hitze (230–260 °C) vorbereiten.

4. In einer mittelgroßen Schüssel die Zutaten für die Gremolata vermengen.

5. Die marinierten Fischfilets über ***direkter starker Hitze*** bei geschlossenem Deckel grillen, bis sie sich nach 4–5 Min. leicht vom Rost lösen lassen, ohne haften zu bleiben. Wenden und weitere 4–5 Min. grillen, bis sie gerade durchgegart sind. Auf einzelnen Tellern mit etwas Gremolata anrichten und sofort servieren.

FÜR 4 PERSONEN

SEETEUFEL

MIT BASILIKUM-PETERSILIEN-PESTO

ZUBEREITUNGSZEIT: 20 Min.
GRILLZEIT: 7–9 Min.

2 kleine Knoblauchzehen, geschält
1 Bund Basilikum (etwa 70 g), die Blätter abgezupft
¼ Bund glatte Petersilie (etwa 15 g), die Blätter abgezupft
60 g Parmesan, frisch gerieben
1 EL Pinienkerne, geröstet
grobes Meersalz
Olivenöl
700 g Seeteufelfilet, die Haut vollständig entfernt, in etwa 2 ½ cm dicke Medaillons geschnitten
¼ TL frisch gemahlener schwarzer Pfeffer

TIPP!

Falls kein Seeteufel erhältlich ist, weichen Sie auf einzelne Fischfilets mit festem, weißem Fleisch wie Kabeljau oder Heilbutt aus. Die Filets sollten etwa 200 g schwer und 2–2 ½ cm dick sein.

1. Knoblauch in einem Universalzerkleinerer fein hacken, dabei zwischendrin das Gerät abschalten und an den Wänden haftende Stückchen mit einem Teigschaber nach unten schieben. Basilikum, Petersilie, Parmesan, Pinienkerne und ½ TL Salz zufügen und fein hacken, dabei nach Bedarf anhaftende Reste an der Schüsselwand wieder nach unten schieben. Bei laufendem Gerät langsam 80 ml Öl einlaufen lassen und gründlich untermixen. Das Pesto in eine kleine Schüssel füllen, abdecken und mind. 30 Min. ruhen lassen.

2. Den Grill für direkte starke Hitze (230–290 °C) vorbereiten.

3. Die Fischmedaillons auf beiden Seiten mit Öl bestreichen und gleichmäßig mit insgesamt ¾ TL Salz und dem Pfeffer würzen. Über ***direkter starker Hitze*** bei geschlossenem Deckel grillen, bis sie sich nach etwa 4 Min. leicht vom Rost lösen lassen, ohne haften zu bleiben. Wenden und weitere 3–5 Min. grillen, bis sie im Kern nicht mehr glasig, aber noch saftig sind. Die Medaillons warm mit einem großzügigen Klecks Pesto servieren.

FÜR 4 PERSONEN

GEGRILLTER WOLFSBARSCH
MIT GEBRÄUNTER HASELNUSSBUTTER

ZUBEREITUNGSZEIT: 20 Min.
GRILLZEIT: 6–10 Min.
ZUBEHÖR: gelochte Grillpfanne

2 ganze Wolfsbarsche (je 350–450 g), ausgenommen, geschuppt, abgebraust und trockengetupft (bis zur Verwendung im Kühlschrank aufbewahren)
Olivenöl
1 TL grobes Meersalz
½ TL frisch gemahlener schwarzer Pfeffer
1 Bio-Zitrone, in dünne halbmondförmige Scheiben geschnitten
4 Knoblauchzehen, in dünne Scheiben geschnitten
4 Zweige Thymian
4 Stängel glatte Petersilie
60 g Butter
3 EL grob gehackte Haselnusskerne
2 EL fein gehackte gemischte Kräuter (z. B. Dill, Petersilie, Basilikum und/oder Schnittlauch)

1. Den Grill für direkte starke Hitze (230–290 °C) vorbereiten und die gelochte Grillpfanne vorheizen.

2. Die Fische außen dünn mit Öl bestreichen. Mit jeweils ½ TL Salz und ¼ TL Pfeffer innen und außen würzen und mit der Hälfte der Zitronen- und Knoblauchscheiben sowie mit 2 Thymianzweigen und 2 Petersilienstängeln füllen. Nebeneinander in die Grillpfanne legen und über ***direkter starker Hitze*** bei geschlossenem Deckel 3–5 Min. (je nach Dicke der Fische) grillen, ohne sie zu bewegen. Mit einem Grillwender behutsam wenden und weitere 3–5 Min. grillen, bis die Fische auf beiden Seiten schön gebräunt sind und das Fleisch an der Mittelgräte nicht mehr glasig, aber noch saftig ist. Auf eine Servierplatte legen.

3. Die Butter mit den Haselnüssen in einem kleinen Topf auf mittlerer Stufe in 3–5 Min. zerlassen, dabei den Topf häufig schwenken, damit nichts anbrennt. Sobald die Butter nussbraun wird, den Topf vom Herd nehmen und die Haselnussbutter über die Fische träufeln. Mit den gehackten Kräutern garnieren und sofort servieren.

FÜR 2 PERSONEN

KATALANISCHER FISCHTOPF
MIT CHORIZO UND FENCHEL

ZUBEREITUNGSZEIT: 35 Min.
GRILLZEIT: 30–33 Min.
ZUBEHÖR: Dutch Oven (gusseiserner Schmortopf)

350 g Chorizo am Stück (spanische Paprikawurst), schräg in gut 1 cm dicke Scheiben geschnitten
1 EL Olivenöl (nach Bedarf)
1 Fenchelknolle (etwa 350 g), geputzt, in feine Streifen geschnitten
2 mittelgroße Zwiebeln, fein gewürfelt
4 Knoblauchzehen, fein gehackt
125 ml trockener Weißwein
2 EL Tomatenmark
1 TL Paprikapulver
½ TL Safranfäden
1 kräftige Prise Cayennepfeffer (oder nach Geschmack)
750 ml Hühnerbrühe
1 Dose (800 g) stückige Tomaten
1 Lorbeerblatt
1 TL grobes Meersalz
1 TL Zucker
½ TL frisch gemahlener schwarzer Pfeffer
700 g Wolfsbarsch- oder Heilbuttfilet (etwa 3 ½ cm dick), in 3 ½ cm große Stücke geschnitten
18 Riesengarnelen (Größe 16/20), geschält, entdarmt, Schwanzsegment entfernt
18 Miesmuscheln (etwa 350 g), abgebürstet und entbartet
4 EL gehackte glatte Petersilienblätter

1. Den Grill für direkte und indirekte mittlere Hitze (175–230 °C) vorbereiten. Den Dutch Oven ohne Deckel über direkter Hitze vorheizen.

2. Die Wurstscheiben im vorgeheizten Dutch Oven über ***direkter mittlerer Hitze*** bei geschlossenem Grilldeckel in etwa 3 Min. von beiden Seiten goldbraun braten. Mit einem Schaumlöffel herausheben und auf einem Teller beiseitestellen.

3. Falls sich jetzt kaum Fett im Topf befindet, 1 EL Öl zufügen. Darin Fenchel und Zwiebeln bei geschlossenem Grilldeckel 6–7 Min. dünsten, bis sie etwas weicher sind. Den Knoblauch etwa 1 Min. mitdünsten, bis er duftet. Den Wein zugießen und bei geöffnetem Grilldeckel in etwa 1 Min. auf die Hälfte einkochen lassen, dabei ab und zu umrühren. Tomatenmark, Paprikapulver, Safran und Cayennepfeffer zufügen und 1 Min. unter Rühren garen, bis die Mischung aromatisch duftet. Brühe, Tomaten, Lorbeerblatt, Salz, Zucker und Pfeffer in den Topf geben, umrühren und alles über ***direkter mittlerer Hitze*** bei schräg aufgelegtem Topf- und geschlossenem Grilldeckel 15 Min. köcheln lassen.

4. Wurstscheiben samt ausgetretener Flüssigkeit einrühren, die Fischstücke dazugeben und in den Suppenfond tauchen. Garnelen und Miesmuscheln untermischen. Bei schräg aufgelegtem Topf- und geschlossenem Grilldeckel über ***direkter mittlerer Hitze*** garen, bis Fisch und Garnelen nach 3–5 Min. im Kern nicht mehr glasig sind und die Muscheln sich geöffnet haben. Das Lorbeerblatt entfernen und alle noch geschlossenen Muscheln herausnehmen und wegwerfen.

5. Den Fischtopf in tiefe Teller schöpfen, jede Portion mit Petersilie bestreuen und sofort servieren.

FÜR 6 PERSONEN

MIESMUSCHELN
IN AROMATISCHER TOMATEN-FENCHEL-SAUCE

ZUBEREITUNGSZEIT: 10 Min.
GRILLZEIT: 25 Min.
ZUBEHÖR: Dutch Oven (gusseiserner Schmortopf)

400 g Baguette, schräg in 2 ½ cm dicke Scheiben geschnitten
Olivenöl
1 mittelgroße Zwiebel, fein gewürfelt
1 Fenchelknolle (etwa 300 g), das Grün entfernt, die Knolle längs halbiert, vom Strunk befreit und in feine Scheiben geschnitten
3 Knoblauchzehen, fein gehackt
1 Dose (400 g) geschälte italienische Eiertomaten, abgetropft, grob gehackt
375 ml trockener Weißwein
60 ml Anisschnaps
1 TL fein gehackte Thymianblättchen
1 ½ TL grobes Meersalz
½ TL frisch gemahlener schwarzer Pfeffer
1 kg Miesmuscheln, abgebürstet und entbartet
2 EL grob gehackte glatte Petersilienblätter

1. Den Grill für direkte mittlere Hitze (175–230 °C) vorbereiten.

2. Die Baguettescheiben auf beiden Seiten mit Olivenöl einpinseln.

3. Den Dutch Oven über ***direkte mittlere Hitze*** stellen und 1 EL Öl darin erhitzen. Zwiebel und Fenchel in den Topf geben und bei geschlossenem Grilldeckel in 4–5 Min. unter häufigem Rühren weich dünsten. Den Knoblauch unter häufigem Rühren etwa 1 Min. mitgaren, bis er duftet. Tomaten, Weißwein, Anisschnaps, Thymian, Salz und Pfeffer einrühren. Über ***direkter mittlerer Hitze*** bei geschlossenem Grilldeckel aufkochen und 2 Min. kochen lassen. Die Muscheln in die Sauce geben. Den Topfdeckel auflegen und die Muscheln über ***direkter mittlerer Hitze*** bei geschlossenem Grilldeckel 4–6 Min. garen, bis sie sich geöffnet haben. Ungeöffnete Muscheln herausnehmen und wegwerfen. Während der letzten Minute der Garzeit die Baguettescheiben über direkter Hitze goldgelb rösten, dabei einmal wenden.

4. Die Muscheln mit Sauce in einzelnen Servierschalen anrichten, mit Petersilie bestreuen und mit den gerösteten Brotscheiben sofort servieren.

FÜR 4 PERSONEN

RIESENGARNELEN IM SCHINKENMANTEL

ZUBEREITUNGSZEIT: 30 Min.
MARINIERZEIT: 2–4 Std.
GRILLZEIT: 5–7 Min.
ZUBEHÖR: 18 Zahnstocher, gelochte Grillpfanne

Für die Marinade

50 g geröstete rote Paprikaschote (aus dem Glas), in Stücke geschnitten
6 EL Olivenöl
6 große Basilikumblätter
2 EL Rotweinessig
1 ¼ TL Aceto balsamico
½ TL geräuchertes Paprikapulver
½ TL grobes Meersalz
1 Knoblauchzehe, fein gehackt
¼ TL frisch gemahlener schwarzer Pfeffer

18 Riesengarnelen (Größe 11/16), geschält, entdarmt, schmetterlingsförmig aufgeschnitten, Schwanzsegment nicht entfernt
9 Scheiben Pancetta oder Prosciutto, jeweils längs halbiert
180 g gemischte zarte Salatblätter

1. Die Zutaten für die Marinade im Standmixer oder in der Küchenmaschine glatt pürieren. Die Hälfte der Mischung abgedeckt kalt stellen (sie dient später als Dressing für den Salat). Die andere Hälfte in einer Schüssel mit den Garnelen vermischen. Die Garnelen abgedeckt mind. 2 Std., besser aber bis zu 4 Std. im Kühlschrank marinieren.

2. Den Grill für direkte mittlere bis starke Hitze (200–260 °C) vorbereiten und die gelochte Grillpfanne vorheizen.

3. Die Garnelen mit einem Schaumlöffel aus der Marinade heben, die Marinade weggießen. Jede Garnele spiralförmig mit 1 Schinkenstreifen umwickeln und den Schinken mit einem schräg durch die Garnele gestochenen Zahnstocher fixieren. Die Garnelen nebeneinander in die Grillpfanne legen und über ***direkter mittlerer bis starker Hitze*** bei geschlossenem Deckel 3 Min. grillen, wenden und weitere 2–4 Min. grillen, bis der Schinken knusprig ist und die Garnelen sich fest anfühlen und auch im Kern nicht mehr glasig sind. Vom Grill nehmen.

4. Die Salatblätter mit so viel von dem kalt gestellten Dressing vermischen, dass sie nur fein mit Dressing überzogen sind. Eine Servierplatte mit den Blättern auslegen. Die Garnelen von den Zahnstochern befreien, auf dem Salatbett anrichten und sofort servieren.

FÜR 4 PERSONEN

INSALATA DI FRUTTI DI MARE

ZUBEREITUNGSZEIT: 15 Min.
GRILLZEIT: 7–12 Min.
ZUBEHÖR: gelochte Grillpfanne

Für das Dressing

1 TL fein abgeriebene Schale von 1 Bio-Zitrone
3 EL frisch gepresster Zitronensaft
2 Knoblauchzehen, fein gehackt
1 TL flüssiger Honig

Olivenöl
grobes Meersalz
frisch gemahlener schwarzer Pfeffer
12 große ausgelöste Jakobsmuscheln (je etwa 40 g), trockengetupft
12 Riesengarnelen (Größe 16/20), geschält, Darm entfernt
350 g küchenfertige Baby-Calamari, Fangarme und Tuben getrennt (TK-Ware aufgetaut)
1 rote Jalapeño-Chilischote, in dünne Ringe geschnitten
4 EL fein gehackte glatte Petersilienblätter
120 g gemischte zarte Salatblätter einschließlich Rucola
Zitronenspalten

1. Die Zutaten für das Dressing mit 5 EL Olivenöl, ½ TL Salz und ½ TL Pfeffer gründlich verrühren.

2. Den Grill für direkte starke Hitze (230–290 °C) vorbereiten und die gelochte Grillpfanne etwa 10 Min. vorheizen.

3. Von den Jakobsmuscheln den kleinen, harten Seitenmuskel, falls noch vorhanden, abziehen.

4. In einer großen Schüssel 3 EL Öl mit 1 TL Salz und ½ TL Pfeffer verrühren. Jakobsmuscheln, Garnelen und Calamari in der Schüssel gleichmäßig mit dem Würzöl überziehen.

5. Die Meeresfrüchte in der Grillpfanne verteilen und über ***direkter starker Hitze*** bei geschlossenem Deckel grillen, dabei einmal wenden, bis die Calamari nach 2–3 Min. auf beiden Seiten goldgelb sind, die Garnelen sich nach 2–4 Min. fest anfühlen und im Kern nicht mehr glasig sind und die Muschelfilets nach 3–5 Min. auf beiden Seiten leicht gebräunt und im Kern gerade nicht mehr glasig sind. Fertig gegarte Stücke sofort vom Grill nehmen. Calamari-Tuben in 1 cm breite Ringe schneiden.

6. Das Dressing nochmals aufschlagen. In einer zweiten großen Schüssel die Meeresfrüchte mit den Chiliringen, 2 EL Petersilie und der Hälfte des Dressings behutsam mischen. Die Salatblätter mit dem restlichen Dressing anmachen und auf einzelne Teller verteilen. Die Meeresfrüchte darauf anrichten und mit der übrigen Petersilie garnieren. Warm servieren und Zitronenspalten dazu reichen.

FÜR 4–6 PERSONEN

TIPP!

Baby-Calamari bereiten Sie wie folgt vor: Fangarme abschneiden und beiseitelegen, evtl. die Kauwerkzeuge entfernen. Kopf abtrennen und wegwerfen. Mit den Fingern den Schulp aus dem Körperbeutel ziehen, die Innereien herausdrücken. Die Tuben vor dem Grillen nicht zerteilen.

JAKOBSMUSCHELN
MIT SALSA VERDE

ZUBEREITUNGSZEIT: 20 Min.
GRILLZEIT: 3–4 Min.

Für die Salsa verde

2 Bund glatte Petersilie (etwa 120 g), die Blätter abgezupft
2 Sardellenfilets in Öl
2 EL Dijon-Senf
1 EL Kapern, abgebraust und abgetropft
1 EL Weißweinessig
1 Knoblauchzehe, gehackt

grobes Meersalz
frisch gemahlener schwarzer Pfeffer
Olivenöl
12 große ausgelöste Jakobsmuscheln (je etwa 50–60 g)

TIPP!
Die Jakobsmuscheln mit der Salsa verde auf einem Bett aus Wildreis oder Gerste anrichten.

1. Für die Salsa die Petersilienblätter mit den restlichen Salsa-Zutaten, ¼ TL Salz und 1 kräftigen Prise Pfeffer in der Küchenmaschine fein hacken. Bei laufendem Motor 160 ml Öl in einem dünnen Strahl zugießen und alles in etwa 2 Min. zu einer glatten, cremigen Sauce mixen.

2. Den Grill für direkte starke Hitze (230–290 °C) vorbereiten.

3. Die Jakobsmuscheln trockentupfen und den kleinen, harten Seitenmuskel, falls noch vorhanden, abziehen. Die Muschelfilets auf beiden Seiten dünn mit Öl bestreichen, dann gleichmäßig mit insgesamt ½ TL Salz und ¼ TL Pfeffer würzen. Über ***direkter starker Hitze*** bei geschlossenem Deckel grillen, bis sie nach 3–4 Min. im Kern gerade nicht mehr glasig sind, dabei einmal wenden.

4. Die Salsa verde auf vier Teller verteilen und jeweils 3 gegrillte Jakobsmuscheln darauf anrichten. Sofort servieren.

FÜR 4 PERSONEN

GEFÜLLTE KALMARE
MIT SAFRAN-AÏOLI

ZUBEREITUNGSZEIT: 40 Min.
GRILLZEIT: 10–14 Min.
ZUBEHÖR: gelochte Grillpfanne

Für die Aïoli
1 kräftige Prise Safranfäden (etwa 20 Stück), gemörsert
1 ½ EL Weißwein, erwärmt
250 ml Mayonnaise (aus dem Glas)
2 TL frisch gepresster Zitronensaft
2 kleine Knoblauchzehen, fein gehackt
¼ TL frisch gemahlener schwarzer Pfeffer

220 g pikante italienische Salsiccia-Würste, Wursthaut entfernt
2 Knoblauchzehen, fein gehackt
½ TL geräuchertes Paprikapulver
1 EL grob gehackte glatte Petersilienblätter
20 große Kalmare, küchenfertig vorbereitet, Fangarme und Tuben getrennt, abgebraust und trockengetupft
Olivenöl
¾ TL grobes Meersalz
¼ TL frisch gemahlener schwarzer Pfeffer
Zitronenspalten

1. In einer kleinen Schale den Safran im warmen Wein 20 Min. einweichen. Die Mischung in eine kleine Schüssel geben und die Mayonnaise hinzufügen. Damit nichts von dem köstlichen Safranaroma verloren geht, die Schale mit dem Zitronensaft ausschwenken, den Zitronensaft anschließend mit Knoblauch und Pfeffer zur Mayonnaise geben. Alles gründlich verrühren.

2. In einer mittelgroßen Schüssel das Wurstbrät mit einer Gabel krümelig zerteilen. Knoblauch, Paprikapulver und Petersilie untermischen. Die Fangarme der Kalmare fein hacken, zum Wurstbrät geben und mit der Gabel gleichmäßig untermengen. Mit den Fingerspitzen jeweils eine kleine Menge der Wurstmasse aufnehmen und die Kalmar-Tuben damit füllen; gehen Sie dabei behutsam vor, denn die Tuben können leicht reißen. Die Kalmare nicht zu voll füllen, da sie während des Grillens schrumpfen.

3. Den Grill für direkte starke Hitze (230–290 °C) vorbereiten und die gelochte Grillpfanne mind. 10 Min. vorheizen.

4. Die gefüllten Kalmare dünn mit Öl bepinseln und gleichmäßig mit Salz und Pfeffer würzen. Nebeneinander in die Grillpfanne legen und über ***direkter starker Hitze*** bei geschlossenem Deckel 10–14 Min. grillen, bis sie goldbraun sind und die Wurstfüllung durchgegart ist, dabei einmal wenden. Die Kalmare erst nach 5–6 Min. wenden, da sie sich sonst noch nicht vom Rost lösen lassen. Vom Grill nehmen und mit der Aïoli sowie Zitronenspalten sofort servieren.

FÜR 4 PERSONEN,
FÜR 6 PERSONEN ALS VORSPEISE

ITALIENISCHE BRATWÜRSTE
MIT LINSEN UND ROSMARIN

ZUBEREITUNGSZEIT: 20 Min.,
plus etwa 40 Min. für die Linsen
GRILLZEIT: 8–12 Min.

- 180 g braune Tellerlinsen
- 2 Zweige Rosmarin (je etwa 5 cm lang)
- 1 Lorbeerblatt
- 1 EL Olivenöl
- 1 große Möhre (150 g), in ½ cm große Würfel geschnitten
- 1 mittelgroße Zwiebel, fein gewürfelt
- 2 Knoblauchzehen, fein gehackt
- 180 ml trockener Weißwein
- 180 ml Hühnerbrühe
- 1 EL Sherry-Essig
- ¾ TL grobes Meersalz
- ¼ TL frisch gemahlener schwarzer Pfeffer
- 8 italienische Salsiccia-Würste mit Fenchel (je etwa 100 g)
- 2 EL fein gehackte glatte Petersilienblätter

1. Die Linsen in ein feines Sieb geben, sorgfältig verlesen, dann kalt abbrausen. Mit 1 Rosmarinzweig und dem Lorbeerblatt in einen mittelgroßen Topf schütten und 5 cm hoch mit Wasser bedecken. Aufkochen, dann auf kleinerer Stufe bei schräg aufgelegtem Deckel 18–20 Min. unter gelegentlichem Rühren köcheln lassen, bis die Linsen gar, aber noch sehr bissfest sind (sie werden in der Pfanne fertig gegart). Die Linsen abseihen, Rosmarin und Lorbeerblatt entfernen und wegwerfen.

2. In einer großen Pfanne auf mittlerer Stufe das Öl erhitzen. Darin die Möhren- und Zwiebelwürfel unter häufigem Rühren 3–5 Min. dünsten, bis sie knackig zart sind. Den Knoblauch etwa 1 Min. mitdünsten, bis er aromatisch duftet. Den Wein zugießen und in etwa 2 Min. auf die Hälfte einkochen lassen. Brühe, Linsen und den zweiten Rosmarinzweig in die Pfanne geben. Auf mittlerer bis kleiner Stufe unter häufigem Rühren 12–15 Min. in der offenen Pfanne köcheln lassen, bis sich kaum noch Flüssigkeit in der Pfanne befindet und die Linsen weich, aber noch nicht breiig sind. Essig, Salz und Pfeffer unterrühren. Den Rosmarinzweig entfernen und wegwerfen.

3. Den Grill für direkte mittlere Hitze (175–230 °C) vorbereiten.

4. Die Würste über ***direkter mittlerer Hitze*** bei geschlossenem Deckel 8–12 Min. grillen (dickere Exemplare eventuell einige Minuten länger), bis sie durchgegart sind (Kerntemperatur 70 °C), dabei ab und zu wenden. Die Linsen auf einzelnen Tellern anrichten und darauf die Würste legen. Mit der Petersilie garnieren und sofort servieren.

FÜR 4 PERSONEN

PORTUGIESISCHE CALDO VERDE

ZUBEREITUNGSZEIT: 15 Min.
GRILLZEIT: 41–45 Min.
ZUBEHÖR: Dutch Oven (gusseiserner Schmortopf)

350 g Chorizo am Stück (spanische Paprikawurst)
1 EL Olivenöl
1 große süße Zwiebel, gewürfelt
3 Knoblauchzehen, fein gehackt
½ TL Chiliflocken
1 ½ l Hühnerbrühe
350 g Fingerling-Kartoffeln (z. B. Bamberger Hörnle), quer in gut 1 cm dicke Scheiben geschnitten
1 Lorbeerblatt
1 TL Paprikapulver
1 TL grobes Meersalz
½ TL frisch gemahlener schwarzer Pfeffer
1 Dose (400 g) Cannellini-Bohnen, abgebraust und abgetropft
500 g Grünkohl, Stiele und dicke Blattrippen entfernt, Blätter gewaschen und in mundgerechte Stücke zerpflückt

1. Den Grill für direkte mittlere bis schwache Hitze (etwa 175 °C) vorbereiten.

2. Die Chorizo über ***direkter mittlerer bis schwacher Hitze*** bei geschlossenem Deckel in 5–7 Min. von allen Seiten bräunen. Etwas abkühlen lassen, dann in ½ cm dicke Scheiben schneiden.

3. Das Öl im Dutch Oven über ***direkter mittlerer bis schwacher Hitze*** heiß werden lassen. Darin die Zwiebelwürfel bei geschlossenem Grilldeckel, aber unter häufigem Rühren in 3 Min. etwas weicher dünsten. Knoblauch und Chiliflocken unter Rühren etwa 1 Min. mitdünsten, bis der Knoblauch duftet. Brühe, Kartoffeln, Lorbeerblatt, Paprikapulver, Salz und Pfeffer zufügen, zum Kochen bringen, dann bei schräg aufgelegtem Topf- und geschlossenem Grilldeckel 25–30 Min. köcheln lassen, bis die Kartoffeln gar sind, dabei gelegentlich umrühren. Wurstscheiben, Bohnen und Grünkohl dazugeben und die Suppe unter häufigem Rühren noch 2–3 Min. köcheln lassen, bis die Kohlblätter zusammengefallen und die Bohnen durchgewärmt sind. Das Lorbeerblatt entfernen, die Suppe in tiefe Teller schöpfen und heiß servieren.

FÜR 6–8 PERSONEN

SPANISCHE PINCHITOS

ZUBEREITUNGSZEIT: 20 Min.
MARINIERZEIT: 6–12 Std.
GRILLZEIT: 4–5 Min.
ZUBEHÖR: 20–24 flache Metall-, Holz- oder Bambusspieße (15–20 cm), Holz- oder Bambusspieße mind. 30 Min. gewässert

Für die Marinade

80 ml trockener Weißwein (z. B. Sauvignon Blanc)
80 ml Olivenöl
2 TL geräuchertes Paprikapulver
2 frische Lorbeerblätter oder 1 getrocknetes Lorbeerblatt, in kleine Stücke gezupft
2 große Knoblauchzehen, fein gehackt
1 TL grobes Meersalz
¾ TL gemahlener schwarzer Pfeffer
1 kräftige Prise Chiliflocken (oder nach Geschmack)

600 g Schweinelende, in 2½ cm große Würfel geschnitten (siehe Tipp)
1 Zitrone, in Spalten geschnitten

TIPP!

Kaufen Sie Ihr Fleisch bei einem Metzger, der Erzeugnisse aus der Region anbietet. Falls die Lende außen Fett aufweist, dieses nicht entfernen, denn es intensiviert während des Grillens den Geschmack.

1. Die Zutaten für die Marinade in einer mittelgroßen Schüssel gut verrühren. Die Fleischwürfel in der Marinade wenden, bis sie gleichmäßig überzogen sind. Abgedeckt für mind. 6 Std. oder bis zu 12 Std. in den Kühlschrank stellen, dabei gelegentlich durchmischen.

2. Bei Verwendung von Holz- oder Bambusspießen nach Belieben ein 30 cm großes Stück Alufolie der Länge nach zu einem doppelt gelegten Folienstreifen falten. Er verhindert beim Grillen, dass die blanken Enden der Spieße Feuer fangen.

3. Den Grill für direkte mittlere bis starke Hitze (200–260 °C) vorbereiten.

4. Die Fleischwürfel in einem Sieb abtropfen lassen (die Marinade wird nicht mehr gebraucht). Jeweils 3–4 Fleischwürfel so auf 1 Spieß stecken, dass sie sich nur knapp berühren. Das Fleisch anschließend mit Küchenpapier abtupfen, damit es beim Grillen schön bräunt, aber nicht vollständig trockentupfen.

5. Den vorbereiteten Folienstreifen auf den Grillrost legen und die Spieße so auf dem Rost platzieren, dass ihre freien Enden durch die Folie vor der Glut geschützt sind. Über ***direkter mittlerer bis starker Hitze*** bei geschlossenem Deckel 4–5 Min. grillen, bis die Fleischwürfel goldbraun und fest sind, dabei die Spieße einmal wenden. Auf einer Servierplatte anrichten und mit den Zitronenspalten zum Beträufeln sofort servieren.

FÜR 4 PERSONEN

HACKFLEISCHWÜRSTE
MIT KATALANISCHER ROMESCO-SAUCE

ZUBEREITUNGSZEIT: 40 Min.
KÜHLZEIT: mind. 1 Std.
GRILLZEIT: 10–12 Min.

Für die Würste

500 g mageres Hackfleisch vom Schwein
180 g Frühstücksspeck in dünnen Scheiben, in kleine Stücke geschnitten
60 g Prosciutto in dünnen Scheiben, in kleine Stücke geschnitten (nach Belieben)
4–5 Frühlingszwiebeln, nur die weißen und hellgrünen Abschnitte fein gehackt (etwa 50 g)
2 TL grob gehackte glatte Petersilienblätter
2 Knoblauchzehen, fein gehackt

grobes Meersalz
frisch gemahlener schwarzer Pfeffer

Für die Sauce

2 Scheiben (etwa 60 g) rustikales Weißbrot, entrindet, in Würfel geschnitten
3 EL Rotweinessig
4 EL Mandelstifte
2 kleine Knoblauchzehen, geschält
4 EL gewürfelte Tomaten, Saft aufgefangen
1 Pimiento del piquillo (eingelegte spanische rote Paprika aus dem Glas)
1 TL geräuchertes Paprikapulver
Olivenöl

1. Die Zutaten für die Würste mit ½ TL Salz und ¼ TL Pfeffer vermengen. Die Masse behutsam zu 16–18 gleich großen, etwa 7 cm langen Würsten formen. Bis zum Grillen abgedeckt in den Kühlschrank stellen.

2. In einer kleinen Schüssel die Brotwürfel im Essig wenden und etwa 10 Min. einweichen. Die Mandeln in einer kleinen Pfanne ohne Fett auf mittlerer Stufe in 3–5 Min. hellbraun rösten, dabei die Pfanne häufig rütteln und aufpassen, dass die Mandeln nicht verbrennen. Mandeln 5 Min. abkühlen lassen. Die Knoblauchzehen in der Küchenmaschine hacken, bis sie nicht mehr stückig sind. Mandeln dazugeben und fein hacken. Eingeweichte Brotwürfel mit dem Essig, Tomatenwürfel mit ihrem Saft, eingelegte Paprika, Paprikapulver und ¼ TL Salz zufügen und mixen, bis alles gut vermischt ist. Bei laufendem Motor 4 EL Öl in einem dünnen, gleichmäßigen Strahl zugießen und nur so lange untermixen, bis eine glatte Sauce entstanden ist. Zwischendrin das Gerät abschalten und Reste an der Schüsselwand mit einem Teigschaber nach unten schieben. Die Sauce abgedeckt für mind. 1 Std. kalt stellen, damit sich die Aromen entfalten und verbinden. Vor dem Servieren Raumtemperatur annehmen lassen.

3. Den Grill für direkte mittlere bis starke Hitze (200–260 °C) vorbereiten.

4. Die Würste rundherum dünn mit Öl einpinseln und jeweils mit ¼ TL Salz und 1 kräftigen Prise Pfeffer würzen. Über ***direkter mittlerer bis starker Hitze*** bei geschlossenem Deckel 10–12 Min. grillen, bis sie medium, also halb durch sind (Kerntemperatur 70 °C), dabei die Würste einmal wenden. Warm mit der Romesco-Sauce servieren.

FÜR 4 PERSONEN

ZYPRISCHE SHEFTALIA
MIT TAHIN-SAUCE

ZUBEREITUNGSZEIT: 30 Min.
GRILLZEIT: etwa 15 Min.

Für die Würste

600 g nicht zu mageres Hackfleisch vom Schwein (vorzugsweise aus der Schulter)
1 kleine Zwiebel, fein gewürfelt
½ kleines Bund glatte Petersilie (etwa 20 g), die Blätter fein gehackt
1 EL fein gehackte Minzeblätter
1 EL fein gehackte Oreganoblättchen
1 EL frisch gepresster Zitronensaft
1 ½ TL grobes Meersalz
½ TL frisch gemahlener schwarzer Pfeffer

Olivenöl

Für die Sauce

4 EL Tahin (Sesammus)
4 EL Naturjoghurt (3,5 %)
2 EL Olivenöl
2 EL frisch gepresster Zitronensaft
1 TL fein gehackter Knoblauch
½ TL grobes Meersalz
1 kräftige Prise Cayennepfeffer

1. Die Zutaten für die Würste gleichmäßig vermengen. Aus der Hackfleischmasse 8 Würste formen, je etwa 15 cm lang und 2 cm dick. Bei Raumtemperatur beiseitelegen.

2. Den Grill für direkte mittlere Hitze (175–230 °C) vorbereiten.

3. Die Würste rundherum dünn mit Öl einpinseln und über ***direkter mittlerer Hitze*** bei geschlossenem Deckel etwa 15 Min. unter gelegentlichem Wenden grillen, bis sie von allen Seiten gebräunt und medium, also halb durch sind (Kerntemperatur 70 °C).

4. Die Zutaten für die Saucen gründlich verrühren, dann nacheinander 2 EL Wasser unterrühren, bis eine dicke, glatte Sauce entstanden ist, die nicht flüssig sein sollte.

5. Die Sheftalia-Würste auf einem Servierteller anrichten und warm mit der Tahin-Sauce servieren.

FÜR 8 PERSONEN

OREGANOWÜRZIGE KALBSKOTELETTS
AUF SPINATNUDELN MIT PINIENKERNEN

ZUBEREITUNGSZEIT: 25 Min.
GRILLZEIT: 10–12 Min.

4 große Kalbskoteletts mit oder ohne Rippenknochen (je 320–350 g schwer und 2 ½ cm dick; siehe Tipp)
Olivenöl
grobes Meersalz
frisch gemahlener schwarzer Pfeffer
2 TL getrockneter Oregano
225 g Orzo-Nudeln
2 EL Butter
100 g Schalotten, fein gewürfelt
2 TL fein gehackter Knoblauch
100 g zarte junge Spinatblätter, grob gehackt
4 EL Pinienkerne
1 gehäufter EL fein abgeriebene Schale von 1–2 Bio-Zitronen
2 TL frisch gepresster Zitronensaft
½ TL zerstoßener schwarzer Pfeffer

1. Die Koteletts auf beiden Seiten dünn mit Öl bestreichen und gleichmäßig mit insgesamt 1 ¼ TL Salz und ½ TL Pfeffer würzen. Oregano mit den Fingern zerreiben und auf beiden Seiten in das Fleisch einmassieren, etwa ¼ TL pro Kotelettseite. Die Koteletts 15–30 Min. bei Raumtemperatur ruhen lassen.

TIPP!
Kalbskoteletts ohne Knochen einige Minuten kürzer grillen.

2. Den Grill für direkte und indirekte starke Hitze (230–290 °C) vorbereiten.

3. In einem großen Topf reichlich Wasser sprudelnd zum Kochen bringen, kräftig salzen und die Orzo-Nudeln darin in 9–10 Min. bissfest garen. Abseihen und gut abtropfen lassen.

4. In einer kleinen Pfanne die Pinienkerne ohne Fett auf mittlerer Stufe rösten, bis sie stellenweise goldgelb sind, dabei die Pfanne häufig rütteln. Pinienkerne auf einem Teller zum Abkühlen beiseitestellen.

5. Die Butter zusammen mit 1 EL Öl in einer großen beschichteten Pfanne auf mittlerer Stufe zerlassen. Die Schalotten darin unter häufigem Rühren in etwa 5 Min. hellgelb dünsten. Den Knoblauch zugeben und etwa 1 Min. mitdünsten, bis er duftet. Orzo-Nudeln, Spinat, Pinienkerne, Zitronenschale und -saft sowie den zerstoßenen Pfeffer zufügen und alles gut vermischen. Mit ¾ TL Salz würzen und nach Belieben mit weiterem Pfeffer abschmecken. Zugedeckt warm halten.

6. Die Koteletts über ***direkter starker Hitze*** bei geschlossenem Deckel etwa 5 Min. grillen, bis sie das typische Grillmuster angenommen haben, dabei einmal wenden. Danach über ***indirekte starke Hitze*** legen und bei geschlossenem Deckel bis zum gewünschten Gargrad weitergrillen, 5–7 Min. für medium rare, also rosa/rot. Die Koteletts auf den Spinatnudeln auf einzelnen Tellern anrichten und warm servieren.

FÜR 4 PERSONEN

BISTECCA ALLA FIORENTINA
AUF RUCOLA MIT PARMESANSPÄNEN

ZUBEREITUNGSZEIT: 15 Min.
GRILLZEIT: etwa 10 Min.

2 Porterhouse-Steaks (je 550–650 g schwer und knapp 4 cm dick), überschüssiges Fett entfernt
Olivenöl
grobes Meersalz
frisch gemahlener schwarzer Pfeffer
2 EL fein gehackte Rosmarinnadeln
225 g zarte Rucolablätter
25 g Parmesan, in Späne gehobelt
Saft von ½ Zitrone
1 ganze Zitrone, in 4 Spalten geschnitten

Gemäß der Florentiner Tradition werden Filet und Roastbeef vom T-förmigen Knochen des Steaks getrennt und anschließend quer in Scheiben geschnitten.

1. Den Grill für direkte starke Hitze (230–290 °C) vorbereiten.

2. Die Steaks auf beiden Seiten mit je 1 EL Öl einpinseln. Großzügig salzen und pfeffern, auf beiden Seiten mit je 1 EL Rosmarin bestreuen und die gehackten Nadeln ins Fleisch drücken. Vor dem Grillen bei Raumtemperatur 30 Min. ruhen lassen.

3. Die Steaks über ***direkter starker Hitze*** bei geschlossenem Deckel bis zum gewünschten Gargrad grillen, etwa 10 Min. für medium rare, also rosa/rot, dabei gelegentlich wenden. Vom Grill nehmen und 5 Min. nachziehen lassen.

4. Inzwischen in einer Schüssel Rucolablätter und Parmesan vermengen. 1 ½ EL Öl, ¼ TL Salz und 1 Prise Pfeffer gründlich untermischen. Den Salat auf einer großen Servierplatte verteilen.

5. Die Steaks in etwa 1 cm dicke Scheiben schneiden. Die Scheiben dachziegelartig auf dem Rucolabett anrichten und mit dem ausgetretenen Fleischsaft beträufeln. Fleisch und Salat mit weiterem Öl und dem Zitronensaft beträufeln. Mit den Zitronenspalten garnieren und sofort servieren.

FÜR 4 PERSONEN

LAMM-ARTISCHOCKEN-SPIESSE

MIT AÏOLI

ZUBEREITUNGSZEIT: 20 Min.
MARINIERZEIT: 1 Std.
GRILLZEIT: etwa 6 Min.
ZUBEHÖR: 8–10 lange Metall-, Holz- oder Bambusspieße (Holz- oder Bambusspieße mind. 30 Min. gewässert)

Für die Marinade

2 TL fein abgeriebene Schale von 1 Bio-Zitrone
4 EL frisch gepresster Zitronensaft
3 EL Olivenöl
2 TL fein gehackte Rosmarinnadeln
1 große Knoblauchzehe, fein gehackt

grobes Meersalz
frisch gemahlener schwarzer Pfeffer
225 g TK-Artischockenherzen, aufgetaut
700 g Lammfleisch (Keule oder Schulter), pariert, in 2 cm große Würfel geschnitten

Für die Aïoli

160 ml Mayonnaise
1 TL fein abgeriebene Bio-Zitronenschale
2 TL frisch gepresster Zitronensaft
1 Knoblauchzehe, fein gehackt

Zitronenspalten

1. Die Zutaten für die Marinade zusammen mit 1 TL Salz und ½ TL Pfeffer in einer mittelgroßen Schüssel verrühren. Die Artischockenherzen längs halbieren oder vierteln (die Stücke sollten groß genug zum Aufspießen, aber nicht dicker als die Fleischwürfel sein). Artischocken- und Fleischstücke in die Marinade geben und behutsam durchmischen. Bei Raumtemperatur 1 Std. marinieren, dabei gelegentlich durchrühren.

2. Die Zutaten für die Aïoli mit je 1 Prise Salz und Pfeffer in einer kleinen Schüssel verrühren.

3. Den Grill für direkte mittlere bis starke Hitze (200–260 °C) vorbereiten.

4. Fleisch- und Artischockenstücke wie folgt auf die Spieße stecken: 1 Artischockenstück, 3 Fleischwürfel, erneut 1 Artischockenstück, 3 Fleischwürfel und mit 1 Artischockenstück abschließen (die Fleischwürfel sollen sich nur knapp berühren).

5. Die Spieße über ***direkter mittlerer bis starker Hitze*** bei geschlossenem Deckel grillen, bis das Lammfleisch schön gebräunt ist und sich etwas fester anfühlt, dabei ein- bis zweimal wenden. Nach etwa 6 Min. sind die Fleischwürfel medium rare, also rosa/rot. Warm mit Aïoli und Zitronenspalten servieren.

FÜR 4 PERSONEN

IN CHERMOULA MARINIERTE LAMMKEULE

MIT MANDELCOUSCOUS

ZUBEREITUNGSZEIT: 30 Min.
MARINIERZEIT: 4–24 Std.
GRILLZEIT: 20–30 Min.

Für die Marinade

4 Knoblauchzehen, gehackt
4 EL glatte Petersilienblätter
4 EL Minzeblätter
4 EL griechischer Naturjoghurt (10 %)
2 EL frisch gepresster Zitronensaft
1 TL gemahlener Kreuzkümmel
1 TL Paprikapulver
1 TL gemahlener Koriander
¼ TL Cayennepfeffer

Olivenöl
grobes Meersalz
1,6–1,8 kg ausgelöste Lammkeule, flach aufgeschnitten (Schmetterlingsschnitt), überschüssiges Fett und Sehnen entfernt
1 kleine rote Paprikaschote, fein gewürfelt
1 kleine Knoblauchzehe, fein gehackt
¼ TL Safranfäden
260 g Couscous
360 ml Hühnerbrühe
4 EL Mandelkerne, geröstet und grob gehackt
2 EL fein gehackte Korianderblätter

1. Knoblauch, Petersilie und Minze in die Küchenmaschine geben und grob hacken. Die übrigen Zutaten für die Marinade, 4 EL Öl und 2 TL Salz zufügen und gut untermixen. Die Lammkeule auf beiden Seiten mit der Marinade bestreichen, dabei auch Vertiefungen und Fleischfalten nicht vergessen. In eine Auflaufform legen, mit Frischhaltefolie abdecken und 4–24 Std. im Kühlschrank marinieren. Vor dem Grillen 30 Min. Raumtemperatur annehmen lassen.

2. Den Grill für direkte mittlere Hitze (175–230 °C) vorbereiten.

3. Die Lammkeule über ***direkter mittlerer Hitze*** bei geschlossenem Deckel bis zum gewünschten Gargrad grillen, 20–30 Min. für medium rare, also rosa/rot, dabei gelegentlich wenden. Fleisch vom Grill nehmen und 15 Min. nachziehen lassen.

4. Inzwischen in einem mittelgroßen Topf 1 EL Öl auf mittlerer Stufe erhitzen. Die Paprikawürfel mit Knoblauch und Safran etwa 1 Minute unter ständigem Rühren dünsten, bis die Mischung duftet. Den Couscous unterrühren. Brühe und ¾ TL Salz zufügen. Aufkochen lassen, dann den Topf verschließen und vom Herd nehmen. Den Couscous quellen lassen, bis er nach 5–10 Min. die gesamte Flüssigkeit aufgenommen hat. Couscous mit einer Gabel auflockern, dann Mandeln und Koriander untermischen. Den Couscous mit etwas Olivenöl beträufeln.

5. Das Lammfleisch quer zur Faser aufschneiden und mit dem Couscous servieren.

FÜR 6–8 PERSONEN

LANGSAM GESCHMORTER LAMMROLLBRATEN

MIT BOHNENPÜREE

ZUBEREITUNGSZEIT: 20 Min.
EINWEICHZEIT: 18 Std.
GRILLZEIT: etwa 4 Std.
ZUBEHÖR: Dutch Oven (gusseiserner Schmortopf), Mulltuch, Küchengarn, Fett-Trenner

600 g getrocknete Cannellini-Bohnen
1 ½ kg ausgelöste Lammkeule, als Rollbraten in Form gebunden
Olivenöl
grobes Meersalz
frisch gemahlener schwarzer Pfeffer
8 Knoblauchzehen, geschält
2 große Möhren, in 5 cm große Stücke geschnitten
1 mittelgroße Zwiebel, geschält, geviertelt
6 Zweige Rosmarin
6 Zweige Thymian
4 Lorbeerblätter
1 Flasche (0,75 cl) trockener Weißwein
1 EL Butter

Für das Bohnenpüree

2 Zweige Rosmarin
10 schwarze Pfefferkörner
2 Gewürznelken
1 Lorbeerblatt
6 Knoblauchzehen, geschält, leicht angedrückt
125 ml Hühnerbrühe, plus mehr nach Bedarf
2 EL Olivenöl
1 EL Butter

1. Die Bohnen über Nacht in 3 l Wasser einweichen.

2. Das Lammfleisch rundherum mit Öl einreiben, dann gleichmäßig und großzügig mit Salz und Pfeffer würzen. Vor dem Grillen bei Raumtemperatur 30 Min. ruhen lassen.

3. Den Grill für direkte und indirekte mittlere bis starke Hitze (200–260 °C) vorbereiten.

4. Den Rollbraten auf dem Grillrost über ***direkter mittlerer bis starker Hitze*** bei geschlossenem Deckel in 10–12 Min. von allen Seiten bräunen, dabei nach Bedarf wenden. Vom Grill nehmen.

5. Knoblauch, Möhren, Zwiebel, Rosmarin, Thymian und Lorbeerblätter in den Dutch Oven geben. Den Rollbraten auf das Gemüse-Kräuter-Bett legen und den Wein zugießen. Den Topf über ***direkte mittlere bis starke Hitze*** stellen und bei geschlossenem Grilldeckel den Wein aufkochen lassen. Die Grilltemperatur auf schwache Hitze (möglichst 150 °C) reduzieren. Den Topf über indirekte Hitze stellen, den Topfdeckel auflegen und den Grilldeckel schließen. Das Fleisch über ***indirekter schwacher Hitze*** 3–4 Std. schmoren, bis es butterzart ist, dabei stündlich im Topf drehen.

6. Den Topf vom Grill nehmen. Den Rollbraten auf ein Schneidbrett heben, das Garn entfernen und das Fleisch in mundgerechte Stücke zerteilen. Möhren und Zwiebel aus dem Topf nehmen und beiseitelegen; Kräuterzweige und Lorbeerblätter entfernen und wegwerfen. Den Fond in den Fett-Trenner gießen und stehen lassen, bis das Fett an die Oberfläche gestiegen ist. Den entfetteten Fond in einen großen Topf gießen und auf mittlerer Stufe in etwa 10 Min. auf die Hälfte einkochen. Das Fleisch dazugeben und mit dem Fond vermischen.

7. Etwa 2 Std., bevor die Lammkeule fertig gegart ist, mit der Zubereitung des Bohnenpürees beginnen. Für ein Bouquet garni Rosmarinzweige, Pfefferkörner, Nelken und Lorbeerblatt auf ein kleines Mulltuch geben und dieses mit dem Küchengarn zu einem Beutel schnüren. Die eingeweichten Bohnen abseihen und kalt abbrausen. Mit dem Knoblauch, dem Bouquet garni und 2 ¼ l Wasser in einem großen Topf auf hoher Stufe aufkochen, dann zugedeckt auf kleiner Stufe 30–40 Min. köcheln lassen, bis die Bohnen weich sind.

8. Das Bouquet garni entfernen und wegwerfen. Die Bohnen abseihen und in der Küchenmaschine mit 125 ml Hühnerbrühe, dem Öl, der Butter und 2 TL Salz glatt pürieren. Falls das Bohnenpüree zu fest ist, nach Bedarf weitere Brühe untermixen.

9. Das Bohnenpüree auf einer Servierplatte verstreichen. Darauf das Lammfleisch mit den Möhren- und Zwiebelstücken anrichten. Warm servieren.

FÜR 6–8 PERSONEN

LAMMCHOPS

MIT BASILIKUM-MINZE-PESTO

ZUBEREITUNGSZEIT: 15 Min.
MARINIERZEIT: 15–30 Min.
GRILLZEIT: 8–10 Min.

Für die Marinade

2 EL Olivenöl
1 TL grobes Meersalz
½ TL frisch gemahlener schwarzer Pfeffer
1 Knoblauchzehe, fein gehackt

8 ausgelöste Lammkoteletts aus dem Rücken (je etwa 3 cm dick), überschüssiges Fett entfernt

Für das Pesto

1 kleines Bund Basilikum (etwa 30 g), die Blätter abgezupft
1 kleines Bund Minze (etwa 30 g), die Blätter abgezupft
4 EL fein geriebener Parmesan
25 g Walnusskerne
1 EL frisch gepresster Zitronensaft
2 Knoblauchzehen, geschält
½ TL grobes Meersalz
60 ml Olivenöl

1. Die Marinadezutaten verrühren. Die Lammchops nebeneinander in eine Auflaufform legen, auf beiden Seiten mit der Marinade bestreichen und diese ins Fleisch einmassieren. Vor dem Grillen bei Raumtemperatur 15–30 Min. ruhen lassen.

2. Die Zutaten für das Pesto bis auf das Öl in der Küchenmaschine oder im Mixer vermengen. Bei laufendem Motor langsam das Öl untermixen, bis ein dünnflüssiges Pesto entstanden ist. In eine Servierschüssel gießen und zugedeckt bis zum Servieren bei Raumtemperatur beiseitestellen.

3. Den Grill für direkte starke Hitze (230–290 °C) vorbereiten.

4. Die Lammchops über ***direkter starker Hitze*** bei geschlossenem Deckel bis zum gewünschten Gargrad grillen, 8–10 Min. für medium rare, also rosa/rot, dabei einmal wenden. Vom Grill nehmen und 3–5 Min. nachziehen lassen. Pesto über die Lammchops löffeln und die Chops warm servieren.

FÜR 4 PERSONEN

ENTENBRUST

MIT PFLAUMEN-PORTWEIN-SAUCE

ZUBEREITUNGSZEIT: 25 Min.
GRILLZEIT: 10–12 Min.

125 g Backpflaumen, halbiert
2 EL Armagnac
1 EL Olivenöl
4 EL fein gewürfelte Schalotten
250 ml Portwein
125 ml Hühnerbrühe
2 EL Aceto balsamico
2 große Zweige Thymian
½ TL gemahlener Koriander
grobes Meersalz
frisch gemahlener schwarzer Pfeffer
4 ausgelöste Entenbrusthälften mit Haut (je 200–225 g), überschüssiges Fett entfernt, trockengetupft

1. In einer kleinen Schüssel die Pflaumen mit dem Armagnac mischen und 15 Min. ziehen lassen.

2. Das Öl in einem mittelgroßen Topf auf mittlerer Stufe erhitzen. Darin die Schalotten unter häufigem Rühren dünsten, bis sie nach etwa 3 Min. etwas weicher sind. Pflaumen und Armagnac, Portwein, Hühnerbrühe, Essig, Thymianzweige und Koriander dazugeben, aufkochen und anschließend auf mittlerer bis kleiner Stufe ohne Deckel 10–12 Min. köcheln lassen, bis der Fond auf die Hälfte reduziert ist; dabei gelegentlich umrühren und die Pflaumen zerteilen. Den Thymian entfernen und wegwerfen. Die Sauce mit je ½ TL Salz und Pfeffer würzen und zugedeckt warm halten.

3. Den Grill für direkte mittlere bis starke Hitze (200–230°C) vorbereiten.

4. Die Haut (aber nicht das Fleisch) jeder Entenbrust mit einem scharfen Messer rautenförmig einschneiden und gleichmäßig mit ¾ TL Salz und ¾ TL Pfeffer würzen.

5. Die Entenbrüste, zunächst mit der Haut nach unten, über ***direkter mittlerer bis starker Hitze*** bei geschlossenem Deckel bis zum gewünschten Gargrad grillen, 10–12 Min. für medium rare, also rosa/rot. Dabei die Entenbrüste einmal wenden (bei Flammenbildung vorübergehend über indirekte Hitze legen). Vom Grill nehmen und 3–5 Min. nachziehen lassen.

6. Die Sauce bei Bedarf auf kleiner Stufe erwärmen. Die Entenbrüste quer in 1 cm dicke Scheiben schneiden, Sauce darübergeben und die Entenbrüste warm servieren.

FÜR 4 PERSONEN

HÄHNCHEN-TAJINE

MIT ROTER PAPRIKA, APRIKOSEN UND SAFRAN

ZUBEREITUNGSZEIT: 15 Min.
GRILLZEIT: gut 1 ½ Std.
ZUBEHÖR: Dutch Oven (gusseiserner Schmortopf)

8 Hähnchenoberschenkel mit Knochen und Haut (je 225–250 g)
Olivenöl
grobes Meersalz
frisch gemahlener schwarzer Pfeffer
1 mittelgroße rote Zwiebel, fein gewürfelt
1 große rote Paprikaschote, fein gewürfelt
2 TL fein gehackter Knoblauch
1 TL gemahlener Koriander
1 TL gemahlener Ingwer
½ TL gemahlener Zimt
½ TL gemahlener Kreuzkümmel
¼ TL Safranfäden
130 g getrocknete Aprikosen
70 g entsteinte grüne Oliven, jeweils längs halbiert
500 ml Hühnerbrühe, plus mehr nach Bedarf
125 ml trockener Weißwein

1. Den Grill für direkte und indirekte mittlere Hitze (175–230 °C) vorbereiten.

2. Die Hähnchenschenkel auf beiden Seiten dünn mit Öl bestreichen und gleichmäßig mit 1 ½ TL Salz und ¾ TL Pfeffer würzen. Über ***direkter mittlerer Hitze*** bei geschlossenem Deckel etwa 4 Min. grillen, bis sie leicht gebräunt sind und ein deutliches Grillmuster angenommen haben, dabei einmal wenden. Über indirekte Hitze legen.

3. Den Dutch Oven über ***direkte mittlere Hitze*** stellen und 2 EL Öl in den Topf geben. Darin die Zwiebel- und Paprikawürfel unter häufigem Rühren dünsten, bis sie nach 4–5 Min. etwas weicher sind. Knoblauch, Koriander, Ingwer, Zimt, Kreuzkümmel, Safran, 1 TL Salz und ½ TL Pfeffer etwa 30 Sek. unterrühren, bis es aromatisch duftet.

4. Aprikosen und Oliven unter Rühren 30 Sek. mitgaren. Mit Brühe und Wein ablöschen und den Bratensatz gründlich losrühren. Die Hähnchenschenkel einlegen und alles zum Köcheln bringen.

5. Einen Deckel auflegen, den Topf über ***indirekte mittlere Hitze*** stellen und den Grilldeckel schließen. Die Tajine etwa 1 ½ Std. garen (die Grilltemperatur sollte möglichst konstant zwischen 220 und 230 °C liegen), bis das Fleisch ganz zart und die Sauce eingedickt ist, dabei die Hähnchenschenkel ab und zu mit Sauce beschöpfen. (Falls der Deckel des Dutch Ovens nicht gut schließt und deshalb zu viel Flüssigkeit verdampft, nach Bedarf weitere Brühe einrühren.) Vom Grill nehmen und die Tajine vor dem Servieren bei Raumtemperatur 10 Min. ruhen lassen, damit sich die Aromen verbinden.

FÜR 4 PERSONEN

HÄHNCHEN ALLA CACCIATORA

ZUBEREITUNGSZEIT: 20 Min.
MARINIERZEIT: 2–4 Std.
GRILLZEIT: etwa 1 Std.
ZUBEHÖR: gusseiserne Pfanne (Ø 30 cm) oder ein Dutch Oven (gusseiserner Schmortopf) mit 5–7 l Inhalt

Für die Marinade

4 EL Olivenöl
1 TL Paprikapulver
1 TL grobes Meersalz
½ TL frisch gemahlener schwarzer Pfeffer
1 Knoblauchzehe, fein gehackt

4 Hähnchenbrüste mit Knochen und Haut (je 300–350 g)
je 1 rote und grüne Paprikaschote
1 EL Olivenöl
150 g Zwiebeln, fein gewürfelt
3 Knoblauchzehen, fein gehackt
1 TL getrockneter Oregano
½ TL Chiliflocken
250 ml trockener Weißwein
1 große Dose (800 g) geschälte Eiertomaten
125 ml Hühnerbrühe
4 EL Tomatenmark
1 Lorbeerblatt
1 TL Zucker
1½ TL grobes Meersalz
1 TL frisch gemahlener schwarzer Pfeffer

1. Die Marinadezutaten verrühren. Die Hähnchenbrüste in einen großen Plastikbeutel mit Zip-Verschluss geben und die Marinade dazugießen. Die Luft aus dem Beutel streichen, den Beutel verschließen und dann mehrmals wenden, um die Marinade zu verteilen. In einer Schüssel für 2–4 Std. in den Kühlschrank stellen.

2. Den Grill für direkte und indirekte mittlere Hitze (175–230 °C) vorbereiten.

3. Die Paprikaschoten über ***direkter mittlerer Hitze*** bei geschlossenem Deckel 10–12 Min. grillen und gelegentlich wenden, bis ihre Haut rundherum schwarz ist und Blasen wirft. In einer mit Frischhaltefolie abgedeckten Schüssel etwa 10 Min. ausdampfen lassen. Die verkohlte Haut der Schoten abziehen, Stielansatz, Trennwände und Kerne entfernen. Das Fruchtfleisch grob hacken.

4. Die Gusseisenpfanne über ***direkte mittlere Hitze*** stellen (die Temperatur des Grills sollte möglichst konstant 175 °C betragen) und das Öl darin erhitzen. Die Zwiebelwürfel in der Pfanne unter häufigem Rühren 3 Min. andünsten, bis sie etwas weicher sind. Knoblauch, Oregano und Chiliflocken etwa 1 Min. unterrühren. Wenn die Mischung aromatisch duftet, den Wein zugießen und in etwa 6 Min. auf die Hälfte einkochen lassen, dabei ein- bis zweimal umrühren. Gehacktes Paprikafruchtfleisch, Tomaten mit dem Saft, Brühe, Tomatenmark, Lorbeerblatt, Zucker, Salz und Pfeffer in die Pfanne geben, über ***direkter mittlerer Hitze*** zum Kochen bringen und in 6–8 Min. leicht eindicken lassen. Anschließend die Pfanne über indirekte Hitze stellen. Während des Grillens den Deckel so oft wie möglich geschlossen halten.

5. Hähnchenbrüste aus dem Beutel nehmen (die Marinade weggießen). Die Brüste, zunächst mit der Haut nach unten, über ***direkter mittlerer Hitze*** bei geschlossenem Deckel grillen, bis die Haut nach 5–7 Min. goldbraun ist, dabei einmal wenden. Vom Grill nehmen und mit der Haut nach oben nebeneinander in die Pfanne legen, die Haut aber nicht in die Sauce eintauchen. Die Brüste über ***indirekter mittlerer Hitze*** bei geschlossenem Grilldeckel 20–30 Min. schmoren, bis sie durchgegart sind. Das Lorbeerblatt entfernen und das Gericht heiß servieren.

FÜR 4 PERSONEN

TIPP!

Diese italienische Zubereitung »nach Jägerart« lockt mit intensivem Tomatengeschmack und würzigen Aromen. Die Hähnchenbrüste sollten nicht ausgelöst sein, dann können sie länger in der Sauce schmoren ohne auszutrocknen. Dabei auf keinen Fall die Haut in die Sauce eintauchen, sonst wird sie matschig.

BALSAMICO-HÄHNCHENBRUST
MIT TRAUBEN, OLIVEN UND ROSMARIN

ZUBEREITUNGSZEIT: 10 Min.
GRILLZEIT: 18–21 Min.
ZUBEHÖR: gusseiserne Pfanne (Ø 30 cm)

Olivenöl
1 kleine Knoblauchzehe, fein gehackt
grobes Meersalz
frisch gemahlener schwarzer Pfeffer
4 ausgelöste Hähnchenbrusthälften mit Haut (je etwa 225 g)
300 g kernlose rote und/oder weiße Trauben
160 g entsteinte Kalamata-Oliven, abgetropft, längs halbiert
2 Zweige Rosmarin (je etwa 5 cm lang)
125 ml Aceto balsamico

1. Den Grill für direkte und indirekte mittlere Hitze (175–230 °C) vorbereiten und die Gusseisenpfanne über direkter Hitze 10 Min. vorheizen.

2. In einer kleinen Schüssel 2 EL Öl mit dem Knoblauch, 1 TL Salz und ½ TL Pfeffer verrühren. Das Würzöl gleichmäßig in das Fleisch der Hähnchenbrüste massieren (auch unter die Haut).

3. In einer großen Schüssel ¾ der Trauben mit den Oliven, den Rosmarinzweigen, 1 EL Öl, ½ TL Salz und ¼ TL Pfeffer vermengen. Die Mischung in die Gusseisenpfanne geben und über ***direkter mittlerer Hitze*** bei geschlossenem Deckel 5 Min. garen, dabei häufig umrühren. Die Pfanne vorsichtig in die indirekte Zone ziehen und die Mischung über ***indirekter mittlerer Hitze*** unter gelegentlichem Rühren weitergaren lassen, bis die Hähnchenbrüste fertig gegrillt sind.

4. Die Hähnchenbrüste, zunächst mit der Haut nach unten, über ***direkte mittlere Hitze*** auf den Rost legen und bei geschlossenem Deckel grillen, bis die Haut nach 4–5 Min. goldbraun ist und sich leicht vom Rost lösen lässt. Wenden und weitere 2 Min. grillen.

5. Die Hähnchenbrüste mit der Haut nach oben zwischen die Trauben und Oliven in die Pfanne geben. Über ***indirekter mittlerer Hitze*** bei geschlossenem Deckel 5–6 Min. garen, bis sich das Fleisch fest anfühlt und auch im Kern nicht mehr rosa ist. Hähnchenbrüste aus der Pfanne nehmen und auf einer Servierplatte warm halten.

6. Die Pfanne wieder in die direkte Zone stellen. Den Essig und die übrigen Trauben behutsam einrühren und über ***direkter mittlerer Hitze*** bei geschlossenem Deckel garen, bis die Sauce nach 2–3 Min. leicht eingedickt ist, dabei häufig umrühren. Den Rosmarin entfernen. Die warmen Hähnchenbrüste mit der Sauce servieren.

FÜR 4 PERSONEN

HÄHNCHENPAILLARDS

MIT KAPERN-ZITRONEN-BUTTERSAUCE

ZUBEREITUNGSZEIT: 20 Min.
MARINIERZEIT: 30 Min.
GRILLZEIT: 4–6 Min.

4 Hähnchenbrustfilets (je etwa 180 g)
1 ½ EL Olivenöl
1 EL Weißweinessig
1 TL gehackte Oreganoblättchen
½ TL gehacktes Sardellenfilet oder Sardellenpaste (nach Belieben)
grobes Meersalz
frisch gemahlener schwarzer Pfeffer
80 ml trockener Weißwein
1 große Schalotte, fein gewürfelt
3 EL frisch gepresster Zitronensaft
80 ml Hühnerbrühe
3 EL Kapern, abgebraust und abgetropft
3–4 EL kalte gesalzene Butter (vorzugsweise Sauerrahmbutter oder irische Butter)
4 EL fein gehackte glatte Petersilienblätter

1. Die Hähnchenbrustfilets einzeln zwischen zwei Lagen Frischhaltefolie legen und gleichmäßig 1 cm dünn flach klopfen, dabei von der Mitte nach außen arbeiten und behutsam vorgehen, damit das Fleisch nicht reißt. In einer Auflaufform Öl, Essig, Oreganoblättchen, Sardelle, ½ TL Salz und ¼ TL Pfeffer vermischen. Die Hähnchenpaillards hineinlegen und auf beiden Seiten mit der Mischung bestreichen. Abgedeckt für 30 Min. kalt stellen.

2. In einem kleinen Topf den Wein mit Schalottenwürfeln und Zitronensaft auf mittlerer bis hoher Stufe zum Köcheln bringen und in 2–4 Min. auf etwa ein Viertel einkochen lassen. Die Brühe zugießen und weitere 2 Min. köcheln lassen. Vom Herd nehmen.

3. Den Grill für direkte mittlere bis starke Hitze (200–230°C) vorbereiten.

4. Die Hähnchenpaillards über ***direkter mittlerer bis starker Hitze*** bei geschlossenem Deckel 4–6 Min. grillen, bis sie goldbraun sind, das Fleisch sich fest anfühlt und auch im Kern nicht mehr rosa ist, dabei einmal wenden. Vom Grill nehmen und mit Alufolie abgedeckt warm halten.

5. Den Topf mit der Wein-Schalotten-Mischung erneut auf mittlerer bis hoher Stufe aufsetzen. Sobald der Inhalt dampft, Kapern und Butter zufügen. Den Topf rütteln und kräftig schwenken, bis die Butter geschmolzen und die Sauce leicht gebunden ist. Vom Herd nehmen und mit Salz und Pfeffer abschmecken. Zum Servieren die Paillards mit der Kapern-Zitronen-Buttersauce beträufeln und mit der Petersilie bestreuen.

FÜR 4 PERSONEN

ZITRONENRISOTTO
MIT GEGRILLTEM GRÜNEM SPARGEL

ZUBEREITUNGSZEIT: 10 Min., plus etwa 30 Min. für den Risotto
GRILLZEIT: 6–8 Min.

500 g grüne Spargelstangen (unterer Durchmesser max. 1 cm), harte Enden entfernt
Olivenöl
grobes Meersalz
1 ½ l Hühnerbrühe
80 g Zwiebeln, fein gewürfelt
300 g Risottoreis (vorzugsweise Arborio)
125 ml trockener Weißwein
50 g Parmesan, fein gerieben, plus geriebenen Parmesan zum Servieren
2 TL fein abgeriebene Schale von 1 Bio-Zitrone
2 EL frisch gepresster Zitronensaft
1 EL Butter
¼ TL frisch gemahlener schwarzer Pfeffer
1 EL fein gehackte Estragon- oder Minzeblätter

1. Den Grill für direkte mittlere Hitze (175–230 °C) vorbereiten.

2. Die Spargelstangen mit Öl beträufeln, leicht salzen und über ***direkter mittlerer Hitze*** bei geschlossenem Deckel 6–8 Min. grillen, bis sie stellenweise gebräunt und knackig-zart sind, dabei die Stangen gelegentlich ein wenig zur Seite rollen, damit sie gleichmäßig garen. Vom Grill nehmen. Die Spargelspitzen abschneiden, die restlichen Stangen in 1 cm lange Stücke schneiden. 8 Spargelspitzen als Garnitur beiseitelegen.

3. In einem mittelgroßen Topf die Hühnerbrühe auf hoher Stufe zum Köcheln bringen, anschließend warm stellen.

4. In einem großen Topf 1 EL Öl auf mittlerer Stufe erhitzen und darin die Zwiebelwürfel mit ½ TL Salz in 3–4 Min. glasig dünsten. Den Reis zufügen und unter häufigem Rühren 2 Min. mitdünsten, bis die Körner glasig und mit Fett überzogen sind. Mit dem Wein ablöschen und unter Rühren etwa 1 Min. einkochen lassen. 250 ml warme Hühnerbrühe einrühren und sanft köcheln lassen, bis sie fast vollständig vom Reis aufgenommen wurde, dabei gelegentlich umrühren. Mit jeweils 125 ml warmer Brühe auf diese Weise fortfahren, bis der Reis nach insgesamt 20–25 Min. cremig ist und die Körner weich sind, aber noch etwas Biss haben.

5. Vom Herd nehmen. 50 g geriebenen Parmesan, Zitronenschale und -saft, Butter, ½ TL Salz und den Pfeffer unter den Risotto ziehen. Spargel und Estragon unterheben. Den Risotto in tiefen Tellern anrichten, mit den beiseitegelegten Spargelspitzen garnieren und mit weiterem Parmesan bestreuen. Sofort servieren.

FÜR 4 PERSONEN

PILZRISOTTO
MIT KRÄUTERN

ZUBEREITUNGSZEIT: 10 Min., plus etwa 30 Min. für den Risotto
GRILLZEIT: 6–8 Min.
ZUBEHÖR: gelochte Grillpfanne

500 g gemischte Pilze (z. B. Pfifferlinge, braune Champignons und Steinpilze), in ½ cm dicke Scheiben geschnitten
grobes Meersalz
1 ½ l Hühnerbrühe
1 EL Olivenöl
5 EL fein gewürfelte Schalotten
300 g Risottoreis (vorzugsweise Arborio)
125 ml trockener Weißwein
¼ TL frisch gemahlener schwarzer Pfeffer
50 g Parmesan, fein gerieben
1 EL Butter
2 EL Schnittlauchröllchen
2 EL fein gehackte glatte Petersilienblätter
2 TL fein gehackte Thymianblättchen

1. Den Grill für direkte mittlere Hitze (175–230 °C) vorbereiten und die gelochte Grillpfanne vorheizen.

2. Die Pilze in der Grillpfanne in einer Lage verteilen und mit ½ TL Salz würzen. Über ***direkter mittlerer Hitze*** bei geschlossenem Deckel 6–8 Min. grillen, bis sie weich und goldbraun sind, dabei ein- bis zweimal durchmischen. Auf einen Teller geben und beiseitestellen.

3. In einem mittelgroßen Topf die Hühnerbrühe auf hoher Stufe zum Köcheln bringen, anschließend warm stellen.

4. In einem großen Topf das Öl auf mittlerer Stufe erhitzen. Die Schalotten unter häufigem Rühren in etwa 3 Min. darin weich dünsten, ohne dass sie Farbe annehmen. Den Reis zufügen und unter häufigem Rühren etwa 2 Min. mitdünsten, bis die Körner glasig und mit Fett überzogen sind. Mit Wein ablöschen und unter Rühren etwa 1 Min. einkochen lassen. 250 ml warme Brühe einrühren und köcheln lassen, bis sie fast vollständig vom Reis aufgenommen wurde, dabei gelegentlich umrühren. Mit jeweils 125 ml warmer Brühe auf diese Weise fortfahren, bis der Reis nach insgesamt 20–25 Min. cremig ist und die Körner weich sind, aber noch etwas Biss haben.

5. Vom Herd nehmen. 1 TL Salz, Pfeffer, Parmesan, Butter, Schnittlauch, Petersilie und Thymian unter den Risotto ziehen, anschließend die gegrillten Pilze unterheben. Den Risotto in Suppenschalen anrichten und sofort servieren.

FÜR 4–6 PERSONEN

LASAGNE
MIT AUBERGINE, PAPRIKA UND ZUCCHINI VOM GRILL

ZUBEREITUNGSZEIT: 20 Min., plus 25 Min. für die Sauce
GRILLZEIT: 1–1¼ Std.
ZUBEHÖR: grillfeste Auflaufform (etwa 20 x 25 cm)

Für die Sauce

1 EL Olivenöl
160 g Zwiebeln, fein gewürfelt
2 Knoblauchzehen, fein gehackt
¼ TL Chiliflocken (oder nach Geschmack)
1 Dose (800 g) stückige Tomaten
½ TL getrockneter Oregano

grobes Meersalz
frisch gemahlener schwarzer Pfeffer
1 große rote Paprikaschote
1 Aubergine (etwa 500 g), längs in 1 cm dicke Scheiben geschnitten
2 Zucchini (je etwa 180 g), längs in 1 cm dicke Scheiben geschnitten
Olivenöl
500 g Ricotta
1 Ei (Größe L)
150 g fein geriebener Pecorino
2 Kugeln Mozzarella (250 g), in kleine Stücke zerpflückt
250 g Lasagneplatten (ohne Vorkochen)

1. Für die Sauce das Öl in einem großen Topf auf mittlerer Stufe erhitzen. Darin die Zwiebeln etwa 3 Min. dünsten, bis sie etwas weicher sind. Knoblauch und Chiliflocken unter ständigem Rühren etwa 1 Min. mitdünsten, bis der Knoblauch duftet. Tomaten, Oregano, 1 TL Salz und ¼ TL Pfeffer einrühren. Die Sauce auf mittlerer bis kleiner Stufe 20 Min. köcheln lassen, bis sie leicht eingedickt ist, dabei gelegentlich umrühren. Vom Herd nehmen.

2. Den Grill für direkte und indirekte mittlere Hitze (175–230 °C) vorbereiten.

3. Die Paprikaschote über ***direkter mittlerer Hitze*** bei geschlossenem Deckel 10–12 Min. grillen, dabei gelegentlich wenden, bis ihre Haut rundherum schwarz ist und Blasen wirft. In einer mit Frischhaltefolie abgedeckten Schüssel etwa 10 Min. ausdampfen lassen. Anschließend die verkohlte Haut der Paprika abziehen. Stielansatz, Kerne und Trennwände entfernen, dann das Fruchtfleisch in 2½ cm breite Streifen schneiden.

4. Die Auberginenscheiben auf beiden Seiten großzügig mit Öl einpinseln, die Zucchinischeiben nur dünn mit Öl bestreichen. Das Gemüse salzen und pfeffern. Auf dem Grillrost über ***direkter mittlerer Hitze*** bei geschlossenem Deckel grillen, dabei ein- bis zweimal wenden, bis die Gemüsescheiben weich sind und auf beiden Seiten ein Grillmuster angenommen haben. Rechnen Sie für die Zucchini 4 bis 6 Min, für die Aubergine 8–10 Min. Fertige Gemüsescheiben vom Grill nehmen.

5. Ricotta mit Ei, 50 g Pecorino, 1 TL Salz und ½ TL Pfeffer glatt und cremig rühren.

6. Auf dem Boden der Auflaufform 125 ml Tomatensauce verstreichen. Eine Lage Lasagneplatten darüberlegen (die Platten gegebenenfalls in passende Stücke brechen) und mit etwa 125 ml Ricottacreme bestreichen. Mit Auberginenscheiben bedecken und auf den Scheiben 125 ml Sauce verstreichen. 5 EL Pecorino und ein Drittel des Mozzarellas darüberstreuen. Erneut eine Lage Lasagneplatten in die Form geben, gefolgt von weiteren Schichten aus 125 ml Tomatensauce, 125 ml Ricottacreme, einer gemischten Lage aus Zucchini und Paprika, 125 ml Sauce, 5 EL Pecorino zusammen mit der Hälfte des übrigen Mozzarella. Eine letzte Lage Lasagneplatten einschichten. Mit der restlichen Ricottacreme bestreichen, esslöffelweise die übrige Sauce darübergeben und mit dem restlichen Pecorino und Mozzarella bestreuen.

7. Die Lasagne über ***indirekter mittlerer Hitze*** bei geschlossenem Deckel 45–50 Min. grillen, bis sie durchgegart und der Käse geschmolzen ist und Blasen wirft (die Temperatur im Grill sollte dabei möglichst konstant 175 °C betragen). Falls die Lasagne zu schnell bräunt, die Form locker mit Alufolie abdecken. Die Lasagne vor dem Servieren und Aufschneiden 10 Min. abkühlen lassen.

FÜR 6–8 PERSONEN

ORECCHIETTE

MIT GERÖSTETEM BLUMENKOHL, KNUSPRIGEM SCHINKEN UND ERBSEN

ZUBEREITUNGSZEIT: 25 Min.
GRILLZEIT: etwa 14 Min.
ZUBEHÖR: gelochte Grillpfanne

100 g Prosciutto in dünnen Scheiben
1 mittelgroßer Blumenkohl (etwa 800 g), in große Röschen zerteilt, die Röschen längs in ½ cm dicke Scheiben geschnitten
Olivenöl
grobes Meersalz
½ TL Chiliflocken
500 g Orecchiette (Öhrchennudeln)
200 g TK-Erbsen, aufgetaut, raumtemperiert
½ TL frisch gemahlener schwarzer Pfeffer
100 g fein geriebener Parmesan, plus geriebener Parmesan zum Servieren
fein abgeriebene Schale von 1 Bio-Zitrone

1. Den Grill für indirekte mittlere Hitze vorbereiten (die Temperatur im Grill sollte möglichst konstant bei 200 °C liegen). Die gelochte Grillpfanne über indirekter Hitze 10 Min. vorheizen.

2. Die Schinkenscheiben nebeneinander (sie sollen sich nicht überlappen) in die Grillpfanne legen und über ***indirekter mittlerer Hitze*** bei geschlossenem Deckel etwa 4 Min. grillen, bis sie knusprig sind, dabei die Scheiben einmal wenden. Vom Grill nehmen und etwas abkühlen lassen, anschließend den Schinken in größere Stücke brechen.

3. In einer mittelgroßen Schüssel die Blumenkohlscheiben behutsam mit 1 EL Öl, ½ TL Salz und den Chiliflocken vermischen. Nebeneinander in die Grillpfanne legen und über ***indirekter mittlerer Hitze*** bei geschlossenem Deckel etwa 10 Min. grillen, bis sie weich und stellenweise goldbraun sind, dabei ein- bis zweimal durchmischen, sobald die Unterseite gebräunt ist.

4. Die Nudeln in einem großen Topf mit reichlich sprudelnd kochendem Salzwasser al dente garen. Abseihen, dabei 250 ml des Kochwassers auffangen. In einer großen Servierschüssel die Nudeln mit 2 EL Öl, den Erbsen, dem Pfeffer und ½ TL Salz vermischen und nach Bedarf mit etwas aufgefangenem Nudelwasser geschmeidig rühren. Blumenkohl, Schinken und Parmesan unterheben. Mit weiterem Parmesan und der Zitronenschale bestreuen und sofort servieren.

FÜR 4–6 PERSONEN

Durch Rösten auf dem Grill entwickelt Blumenkohl nussig-butterige Aromen, vor allem dann, wenn die Röschen in Scheiben geschnitten werden und sie deshalb mit einer größeren Oberfläche mit der heißen Grillpfanne in Kontakt kommen.

PAELLA
MIT CHORIZO, HÄHNCHEN UND GARNELEN

ZUBEREITUNGSZEIT: 20 Min.
GRILLZEIT: etwa 30 Min.
ZUBEHÖR: Paella-Pfanne oder gusseiserne Pfanne (Ø 34–36 cm)

Olivenöl
1 TL Pimentón (spanisches Paprikapulver)
grobes Meersalz
frisch gemahlener schwarzer Pfeffer
500 g ausgelöste Hähnchenoberschenkel ohne Haut, in 4 cm große Stücke geschnitten
1 kräftige Prise Cayennepfeffer
18 Riesengarnelen (Größe 16/20)
1 l Hühnerbrühe
½ TL Safranfäden
350 g Chorizo am Stück (spanische Paprikawurst), in 1 cm dicke Scheiben geschnitten
2 mittelgroße Zwiebeln, fein gewürfelt
4 Knoblauchzehen, fein gehackt
1 Dose (400 g) geschälte Eiertomaten, abgetropft, mit den Händen zerdrückt
1 TL geräuchertes Paprikapulver
400 g Paella-Reis (vorzugsweise Bomba)

1. In einer mittelgroßen Schüssel 1 EL Öl mit Pimentón, ½ TL Salz und ¼ TL Pfeffer verrühren. Das Hähnchenfleisch darin wenden, bis die Stücke gleichmäßig überzogen sind.

2. In einer zweiten mittelgroßen Schüssel 1 EL Öl, ½ TL Salz und den Cayennepfeffer verrühren. Die Garnelen darin wenden, bis sie gleichmäßig überzogen sind.

3. Den Grill für direkte mittlere Hitze (175–230 °C) vorbereiten und die Paella-Pfanne etwa 10 Min. über direkter Hitze vorheizen.

4. In einem mittelgroßen Topf die Brühe auf mittlerer Stufe zum Köcheln bringen. Den Safran einrühren und den Herd abschalten.

5. Die Paella-Pfanne über ***direkte mittlere Hitze*** stellen, 1 EL Öl hineingeben und die Wurstscheiben bei geschlossenem Grilldeckel in etwa 3 Min. goldbraun braten, dabei einmal wenden. Mit einem Schaumlöffel herausheben und in einer Schüssel beiseitestellen. Falls sich in der Pfanne kaum ausgebratenes Wurstfett befindet, 1 EL Öl zufügen. Die Hähnchenstücke nebeneinander in die Pfanne legen und über ***direkter mittlerer Hitze*** bei geschlossenem Deckel in 4–6 Min. goldbraun braten, dabei die Stücke einmal wenden. Mit dem Schaumlöffel aus der Pfanne heben und zur Chorizo in die Schüssel geben.

6. Als Nächstes die Zwiebelwürfel in der Pfanne

TIPP!

Sobald Sie den Reis in Schritt 6 glatt gestrichen haben, nicht mehr rühren! So bildet sich am Boden eine goldbraune Kruste, die bei Paella-Kennern besonders geschätzte *soccarat.* Wenn der Reis also gegen Ende der Garzeit am Pfannenboden anbackt und dabei knistert, ist das ein gutes Zeichen! Als Ersatz für eine spezielle Paella-Pfanne sollten Sie eine große Gusseisenpfanne verwenden, damit Sie den Reis in einer dünnen Lage in der Pfanne verteilen können.

über ***direkter mittlerer Hitze*** bei geschlossenem Deckel in etwa 3 Min. glasig dünsten, dabei einmal umrühren. Den Knoblauch unter ständigem Rühren etwa 30 Sek. mitdünsten, bis er duftet. Tomaten und geräuchertes Paprikapulver einrühren. Den Reis zusammen mit 1 TL Salz einstreuen und untermischen. Die Brühe zugießen, den Reis glatt streichen und ab dann nicht mehr rühren. Wurst und Hähnchenfleisch auf der Reismischung verteilen und mit dem ausgetretenen Fleischsaft aus der Schüssel beträufeln. Die Paella über ***direkter mittlerer Hitze*** bei geschlossenem Deckel 12–15 Min. garen, bis kaum mehr Flüssigkeit in der Pfanne ist, dabei die Pfanne ein- bis zweimal drehen, damit die Paella gleichmäßig gart.

7. Die Garnelen in der Pfanne verteilen und die Paella weitere 5 Min. garen, bis die Garnelen sich fest anfühlen und auch im Kern nicht mehr glasig sind; der Reis sollte jetzt weich, aber noch bissfest sein. Die Pfanne vom Grill nehmen, die Paella mit Alufolie abdecken und 10 Min. ruhen lassen. Danach sofort servieren.

FÜR 6 PERSONEN

UMBRISCHES FLEISCHRAGOUT
MIT PAPPARDELLE

ZUBEREITUNGSZEIT: 25 Min.
GRILLZEIT: 2½–3 Std.
ZUBEHÖR: Dutch Oven (gusseiserner Schmortopf)

1 kg ausgelöste Schweineschulter oder ausgelöste Dicke Rippe, überschüssiges Fett entfernt
Olivenöl
grobes Meersalz
frisch gemahlener schwarzer Pfeffer
2 mittelgroße Möhren, gewürfelt
2 Stangen Sellerie, gewürfelt
160 g Zwiebeln, fein gewürfelt
4 Knoblauchzehen, fein gehackt
1 TL getrockneter Thymian
1 TL getrockneter Oregano
½ TL Chiliflocken
250 ml körperreicher Rotwein
1 Dose (800 g) stückige Tomaten
250 ml Hühnerbrühe, plus mehr nach Bedarf
500 g Pappardelle (breite italienische Bandnudeln)
50 g fein geriebener Pecorino zum Servieren

1. Den Grill für direkte und indirekte mittlere Hitze (175–230 °C) vorbereiten. Den Dutch Oven ohne Deckel über indirekter Hitze vorheizen.

2. Das Fleisch dünn mit Öl bestreichen und gleichmäßig mit ¾ TL Salz und ½ TL Pfeffer würzen. Auf dem Grillrost über ***direkter mittlerer Hitze*** bei geschlossenem Deckel unter gelegentlichem Wenden etwa 10 Min. grillen, bis das Fleisch rundherum gebräunt ist. Vom Grill nehmen und auf einem Teller beiseitestellen

3. Den Dutch Oven über ***direkte mittlere Hitze*** stellen. 1 EL Öl zusammen mit Möhren-, Sellerie- und Zwiebelwürfeln hineingeben. Den Grilldeckel schließen und das Gemüse 6–8 Min. dünsten, dabei häufig umrühren, bis es etwas weicher ist. Knoblauch, Thymian, Oregano und Chiliflocken zufügen und unter ständigem Rühren etwa 1 Minute mitdünsten, bis die Mischung aromatisch duftet. Mit dem Wein ablöschen und aufkochen lassen, dann die Tomaten und 250 ml Brühe einrühren. Das Fleisch samt dem ausgetretenen Fleischsaft zurück in den Topf geben und in der Sauce wenden. Den Dutch Oven mit einem Deckel verschließen und in die indirekte Zone ziehen. Die Grilltemperatur auf 150 °C verringern und in den nächsten 2½ Std. möglichst konstant halten. Das Fleisch über ***indirekter schwacher Hitze*** bei geschlossenem Grilldeckel 2¼–2½ Std. schmoren, bis es butterweich ist, dabei stündlich in der Sauce wenden und nach Bedarf jeweils 125 ml weitere Brühe zugießen, falls die Sauce zu trocken wird.

4. Das Fleisch aus dem Topf nehmen, den Dutch Oven aber auf dem Grill lassen. Das Fleisch fein zerteilen, dabei Fettklumpen und Knorpel sorgfältig entfernen. Fleischstücke wieder in den Topf geben und alles mit ¾ TL Salz und ¾ TL Pfeffer würzen. Nach Bedarf das Ragout im unverschlossenen Topf, aber bei geschlossenem Grilldeckel 2–3 Min. leicht eindicken lassen.

5. Die Nudeln in einem großen Topf mit reichlich sprudelnd kochendem Salzwasser al dente garen. Abseihen, auf einzelne Teller verteilen und Ragout darüberschöpfen. Sofort servieren und den Käse zum Bestreuen dazu reichen.

FÜR 4–6 PERSONEN

GARNELEN FRA DIAVOLO
MIT LINGUINE

ZUBEREITUNGSZEIT: 20 Min., plus etwa 25 Min. für die Sauce
GRILLZEIT: 2–4 Min.
ZUBEHÖR: Stabmixer (nach Belieben)

3 EL Olivenöl
1 Knoblauchzehe, fein gehackt
1 ½ TL Chiliflocken
1 Dose (800 g) geschälte Eiertomaten
125 ml trockener Weißwein
1 TL getrockneter Oregano
1½ TL grobes Meersalz
½ TL frisch gemahlener schwarzer Pfeffer
750 g Riesengarnelen (Größe 16/20), geschält, Darm entfernt
500 g Linguine (schmale italienische Bandnudeln)
4 EL gehackte glatte Petersilienblätter

1. In einer großen Pfanne 1 EL Öl auf mittlerer Stufe erhitzen. Darin den Knoblauch mit 1 TL Chiliflocken etwa 1 Min. unter ständigem Rühren dünsten, bis er duftet. Die Tomaten mit ihrem Saft, Wein, Oregano, 1 TL Salz und den Pfeffer zufügen. Aufkochen, anschließend ohne Deckel unter gelegentlichem Rühren in 20–25 Min. zu einer sämigen Sauce einköcheln lassen. Vom Herd nehmen und nach Belieben die Tomaten mit dem Stabmixer zerkleinern. Die Sauce warm halten.

2. Den Grill für direkte starke Hitze (230–290 °C) vorbereiten.

3. In einer großen Schüssel die restlichen 2 EL Öl mit ½ TL Salz und ½ TL Chiliflocken verrühren. Die Garnelen behutsam in dem Würzöl wenden, bis sie gleichmäßig überzogen sind.

4. Die Garnelen über ***direkter starker Hitze*** bei geschlossenem Deckel 2–4 Min. grillen, bis sie sich fest anfühlen und auch im Kern nicht mehr glasig sind, dabei einmal wenden. Vom Grill nehmen.

5. Die Nudeln in einem großen Topf mit reichlich sprudelnd kochendem Salzwasser al dente garen. Abseihen und zur Sauce in die Pfanne geben. Die gegrillten Garnelen und die Hälfte der Petersilie dazugeben und gut durchmischen. Mit der übrigen Petersilie bestreuen und sofort servieren.

FÜR 4 PERSONEN

SPAGHETTI ALLA PUTTANESCA

MIT TOMATENSAUCE VOM GRILL

ZUBEREITUNGSZEIT: 15 Min.
GRILLZEIT: 11–18 Min.
ZUBEHÖR: große gusseiserne Pfanne

4 EL Olivenöl
4 Knoblauchzehen, fein gehackt
½ TL Chiliflocken
4 eingelegte Sardellenfilets, abgebraust, trockengetupft, gehackt
700 g Dattel- oder Cocktailtomaten, halbiert
100 g entsteinte schwarze Oliven à la grecque (trocken eingelegte Oliven), grob gehackt
2 EL Kapern, abgebraust und abgetropft
½ TL getrockneter Oregano
1 TL Zucker
½ TL grobes Meersalz (oder nach Geschmack)
500 g Spaghetti
2 EL fein gehackte glatte Petersilienblätter

TIPP!

Möglicherweise müssen Sie die Sauce nicht extra salzen, da sie durch die Sardellen und Oliven bereits ausreichend gewürzt ist.

1. Den Grill für direkte und indirekte mittlere Hitze (möglichst 200 °C) vorbereiten.

2. In der Gusseisenpfanne das Öl über ***direkter mittlerer Hitze*** erhitzen. Darin Knoblauch und Chiliflocken unter häufigem Rühren etwa 1 Min. dünsten, bis die Mischung duftet. Die Sardellen 1–2 Min. unter Rühren mitbraten, bis sie »schmelzen«. Tomaten dazugeben und 6–10 Min. unter häufigem Rühren garen, bis sie weich werden und ihre Form verlieren. Während der gesamten Zeit den Grilldeckel so häufig wie möglich geschlossen halten. Die Pfanne über ***indirekte mittlere Hitze*** stellen. Oliven, Kapern, Oregano und Zucker in die Sauce rühren und die Sauce bei geschlossenem Grilldeckel in 3–5 Min. einköcheln lassen, dabei ab und zu umrühren. Mit Salz abschmecken.

3. Inzwischen in einem großen Topf reichlich Wasser auf hoher Stufe zum Kochen bringen und salzen. Sobald die letzten Zutaten in die Sauce gerührt wurden, die Spaghetti ins sprudelnde Wasser geben und al dente garen. Abseihen, die Spaghetti zurück in den Topf geben, mit einem Großteil der Sauce übergießen und behutsam vermischen. Auf vier tiefe Teller oder Schalen verteilen, etwas mehr Sauce darüberschöpfen und mit Petersilie garniert sofort servieren.

FÜR 4 PERSONEN

SELBST GEMACHTER FLADENTEIG

ERGIBT: 2 Pizzas oder Fladen (Ø 30 cm)
ZUBEREITUNGSZEIT: 15 Min.
GEHZEIT FÜR DEN TEIG: 1 ¼–1 ½ Std. an einem warmen Ort oder 6–8 Std. im Kühlschrank

1 EL Olivenöl, plus mehr für die Schüssel
1 ¾ TL naturreines grobes Meersalz
1 ½ TL Trockenhefe o. 1/4 Frisch Hefe
400 g Mehl, plus mehr bei Bedarf

1a. **Zubereitung von Hand:** In eine große Schüssel 250 ml lauwarmes Wasser (40–45 °C) gießen und mit 1 EL Öl, Salz und Hefe verrühren. Mit einem Rührlöffel nach und nach das Mehl bis auf 4 EL einrühren, bis der Teig so fest ist, dass er sich nicht mehr rühren lässt. Auf eine bemehlte Arbeitsfläche geben und etwa 6 Min. mit den Händen kneten, dabei die übrigen 4 EL Mehl oder nach Bedarf auch mehr Mehl einarbeiten, bis der Teig glatt, geschmeidig und leicht klebrig ist.

1b. **Zubereitung mit dem Handmixer:** In eine große Rührschüssel 250 ml lauwarmes Wasser (40–45 °C) gießen und mit 1 EL Öl, Salz und Hefe verrühren. Die Rührbesen in den Handmixer einsetzen und auf niedriger Stufe nach und nach so viel Mehl ins Wasser rühren, bis sich ein weicher und leicht klebriger Teig ergibt, der sich sauber vom Schüsselrand löst. Die Knethaken einsetzen und den Teig bei mittlerer Geschwindigkeit etwa 6 Min. kneten, bis er schließlich glatt, geschmeidig und noch leicht klebrig ist.

1c. **Zubereitung in der Küchenmaschine:** Das Teigwerkzeug aus Kunststoff in die Küchenmaschine einsetzen. 400 g Mehl, Salz und Hefe in die Rührschüssel füllen und durch mehrmaliges Drücken der Impulstaste vermischen. 250 ml lauwarmes Wasser (40–45 °C) mit 1 EL Öl verrühren. Bei laufendem Motor nach und nach das Wasser-Öl-Gemisch durch die Einfüllöffnung zu den trockenen Zutaten gießen und mixen, bis sich der Teig zu einer weichen, aber nicht klebrigen Kugel über dem Teigwerkzeug zusammenballt. Sollte der Teig zu feucht sein, mit 1 EL Mehl bestäuben, ist er zu trocken, mit 1 EL Wasser beträufeln. Anschließend den Teig erneut kurz kneten und gegebenenfalls weiteres Mehl oder Wasser einarbeiten, bis er glatt und elastisch ist. Dann nochmals 30 Sek. kneten.

2. Eine mittelgroße Schüssel mit Öl ausstreichen. Den Teig zu einer Kugel formen, in die Schüssel geben und darin merhmals wenden, bis die Teigkugel gleichmäßig mit Öl überzogen ist. Die Schüssel mit Frischhaltefolie verschließen und den Teig an einem warmen und vor Zugluft geschützten Ort 1 ¼–1 ½ Std. auf das doppelte Volumen aufgehen lassen; alternativ für 6–8 Std. in den Kühlschrank stellen und vor der Weiterverarbeitung Raumtemperatur annehmen lassen.

Ob von Hand, in der Küchenmaschine oder mit dem Handmixer zubereitet, der Teig sollte zuletzt glatt und geschmeidig sein.

KRÄUTERWÜRZIGE FLADEN

MIT LABNEH-KÄSE

ZUBEREITUNGSZEIT: 15 Min.
GRILLZEIT: 12–14 Min.
ZUBEHÖR: Pizzastein (Ø etwa 36 cm), Pizzaheber (nach Belieben), Silikon-Backpinsel

1 Rezept Fladenteig (siehe Seite 93)
Mehl
3 EL Olivenöl
1 TL grobes Meersalz
250 g Labneh (orientalischer Frischkäse aus Joghurt; siehe Tipp)
2 TL Sesamsamen, geröstet
1 TL Za'atar (orientalische Gewürzmischung)
½ TL frisch gemahlener schwarzer Pfeffer
4 EL gehackte Minzeblätter

TIPP!

Labneh ist eine in der Orientküche beliebte Käsespezialität. Ihre Konsistenz erinnert an eine Mischung aus Crème fraîche und Frischkäse. Mit etwas Glück findet man Labneh in orientalischen Feinkostläden. Alternativ auf frischen Ricoatta ausweichen oder aber 4 EL Crème fraîche oder Ziegenfrischkäse mit 180 g Frischkäse glatt rühren. Man kann Labneh auch selbst herstellen: 300 g griechischen Naturjoghurt (10 %) in ein feinmaschiges Sieb geben und über Nacht im Kühlschrank abtropfen lassen.

1. Den Grill für direkte mittlere Hitze (175–230 °C) vorbereiten und den Pizzastein nach Herstelleranweisung 15 Min. vorheizen.

2. Den Teig in zwei gleich große Portionen teilen und diese jeweils zu einer Kugel formen. Die erste Kugel auf einer leicht bemehlten Arbeitsfläche zu einem 30 cm großen Kreis ausrollen oder mit den Händen ausziehen. Den Pizzaheber (oder ein randloses Backblech) leicht bemehlen und vollständig unter den Teigkreis schieben. Den Teigkreis auf der Oberseite mit 1½ TL Öl bestreichen und auf den heißen Stein gleiten lassen. Über ***direkter mittlerer Hitze*** bei geschlossenem Deckel etwa 3 Min. backen, bis die Unterseite leicht gebräunt ist und sich fest anfühlt. Den Fladen mit dem Pizzaheber vom heißen Stein nehmen. Umdrehen und die gegrillte Seite mit 1 EL Öl bestreichen, danach gleichmäßig mit ½ TL Salz bestreuen. Erneut auf den Pizzastein gleiten lassen und über ***direkter mittlerer Hitze*** bei geschlossenem Deckel weitere 3–4 Min. backen, bis der Teigboden goldbraun ist.

3. Den Fladen auf ein Schneidbrett geben. Sofort die Hälfte des Frischkäses aufstreichen, dabei einen etwa 1 cm breiten äußeren Rand frei lassen. Gleichmäßig mit 1 TL Sesamsamen, ½ TL Za'atar, ¼ TL Pfeffer und der Hälfte der Minze bestreuen. Wie eine Torte aufschneiden und warm servieren.

4. Den Pizzastein mit dem Silikon-Backpinsel von allen Mehlresten säubern. Aus den übrigen Zutaten wie beschrieben einen zweiten Fladen zubereiten.

ERGIBT 2 FLADEN (Ø 30 CM)

FLADEN MIT ROSMARIN UND MEERSALZ

ZUBEREITUNGSZEIT: 15 Min.
GRILLZEIT: 12–14 Min.
ZUBEHÖR: Pizzastein (Ø etwa 36 cm), Pizzaheber (nach Belieben), Silikon-Backpinsel

1 Rezept Fladenteig (siehe Seite 93)
Mehl
3 EL Olivenöl, plus mehr zum Servieren
1 ½ TL grobes Meersalz
1 EL fein gehackte Rosmarinnadeln
2 kräftige Prisen frisch gemahlener schwarzer Pfeffer

Komplikationslos lässt sich der ausgerollte Fladen zum Grill befördern, indem man ihn über das Nudelholz legt und während des Transports gut festhält.

1. Den Grill für direkte mittlere Hitze (175–230 °C) vorbereiten und den Pizzastein nach Herstelleranweisung 15 Min. vorheizen.

2. Den Teig in zwei gleich große Portionen teilen und diese jeweils zu einer Kugel formen. Die erste Kugel auf einer leicht bemehlten Arbeitsfläche zu einem 30 cm großen Kreis ausrollen oder mit den Händen ausziehen. Den Pizzaheber (oder ein randloses Backblech) leicht bemehlen und vollständig unter den Teigkreis schieben. Den Teigkreis auf der Oberseite mit 1 ½ TL Öl bestreichen und auf den heißen Stein gleiten lassen. Über ***direkter mittlerer Hitze*** bei geschlossenem Deckel etwa 3 Min. backen, bis die Unterseite leicht gebräunt ist und sich fest anfühlt.

3. Den Fladen mit dem Pizzaheber vom heißen Stein nehmen. Umdrehen und die gegrillte Seite mit 1 EL Öl bestreichen, danach gleichmäßig mit ¾ TL Salz und der Hälfte des gehackten Rosmarins bestreuen. Erneut auf den Pizzastein gleiten lassen und über ***direkter mittlerer Hitze*** bei geschlossenem Deckel weitere 3–4 Min. backen, bis der Teigboden goldbraun ist.

4. Den Fladen auf ein Schneidbrett heben. Mit etwas mehr Öl beträufeln und mit 1 kräftigen Prise Pfeffer bestreuen. Wie eine Torte aufschneiden und warm servieren.

5. Den Pizzastein mit dem Silikon-Backpinsel von allen Mehlresten säubern. Aus den übrigen Zutaten wie beschrieben einen zweiten Fladen zubereiten.

ERGIBT 2 FLADEN (Ø 30 CM)

FLADEN MIT SÜSSEN ZWIEBELN UND SARDELLEN

ZUBEREITUNGSZEIT: 35 Min.
GRILLZEIT: 12–14 Min.
ZUBEHÖR: Pizzastein (Ø etwa 36 cm), Pizzaheber (nach Belieben), Silikon-Backpinsel

1 Rezept Fladenteig (siehe Seite 93)
3 ½ EL Olivenöl
2–3 große Zwiebeln (etwa 600 g), längs halbiert und quer in sehr feine Scheiben geschnitten
grobes Meersalz
2 große Knoblauchzehen, fein gehackt
1 EL fein gehackte Rosmarinnadeln
Mehl
24 Sardellenfilets in Öl
frisch gemahlener schwarzer Pfeffer

1. In einer großen beschichteten Pfanne 2 ½ EL Öl auf mittlerer Stufe erhitzen. Darin die Zwiebeln unter Zugabe von ½ TL Salz unter häufigem Rühren 15–20 Min. karamellisieren, bis sie ganz weich und leicht gebräunt sind; die Hitze nach Bedarf reduzieren, damit die Zwiebeln nicht verbrennen. Knoblauch und Rosmarin untermischen und noch 1 Min. mitbraten. Die Pfanne vom Herd nehmen.

2. Den Grill für direkte mittlere Hitze (175–230 °C) vorbereiten und den Pizzastein nach Herstelleranweisung 15 Min. vorheizen.

3. Den Teig in zwei gleich große Portionen teilen und diese jeweils zu einer Kugel formen. Die erste Kugel auf einer leicht bemehlten Arbeitsfläche zu einem 30 cm großen Kreis ausrollen oder mit den Händen ausziehen. Den Pizzaheber (oder ein randloses Backblech) leicht bemehlen und vollständig unter den Teigkreis schieben. Den Teigkreis auf der Oberseite mit 1 ½ TL Öl bestreichen und auf den heißen Stein gleiten lassen. Über ***direkter mittlerer Hitze*** bei geschlossenem Deckel etwa 3 Min. backen, bis die Unterseite leicht gebräunt ist und sich fest anfühlt.

4. Den Fladen mit dem Pizzaheber vom heißen Stein nehmen. Umdrehen und die gegrillte Seite mit der Hälfte der Zwiebelmischung sowie der Hälfte der Sardellen so belegen, dass ein gut 2 cm breiter äußerer Rand frei bleibt. Erneut auf den Pizzastein gleiten lassen und über ***direkter mittlerer Hitze*** bei geschlossenem Deckel weitere 3 bis 4 Min. backen, bis der Teigboden goldbraun ist. Auf ein Schneidbrett heben und großzügig mit Pfeffer würzen. Wie eine Torte aufschneiden und warm servieren.

5. Den Pizzastein mit dem Silikon-Backpinsel von allen Mehlresten säubern. Aus den übrigen Zutaten wie beschrieben einen zweiten Fladen zubereiten.

ERGIBT 2 FLADEN (Ø 30 CM)

FLADEN
MIT STÄNGELKOHL, ROTER PAPRIKA UND WEICH GEGRILLTEM KNOBLAUCH

ZUBEREITUNGSZEIT: 25 Min.
GRILLZEIT: etwa 1¼ Std.
ZUBEHÖR: gelochte Grillpfanne, Pizzastein (Ø etwa 36 cm), Pizzaheber (nach Belieben), Silikon-Backpinsel

1 Rezept Fladenteig (siehe Seite 93)
1 große Knoblauchknolle
Olivenöl
¼ TL Chiliflocken
grobes Meersalz
frisch gemahlener schwarzer Pfeffer
500 g Stängelkohl (Cima di rapa) oder Brokkolini, gewaschen, geputzt, die dicken Stielenden etwa 5 cm eingekürzt
1 rote Paprikaschote (etwa 200 g)
Mehl
2 Kugeln Mozzarella (250 g), abgetropft und trockengetupft, in dünne Scheiben geschnitten
60 g fein geriebener Pecorino

1. Den Grill für direkte und indirekte mittlere bis starke Hitze (200–230 °C) vorbereiten.

2. Von der Knoblauchknolle oben einen Deckel abschneiden, sodass das Fruchtfleisch der einzelnen Zehen freiliegt. Die Schnittflächen der Knoblauchzehen großzügig mit Öl beträufeln, die Knolle in Alufolie einwickeln und über ***indirekter mittlerer bis starker Hitze*** bei geschlossenem Deckel 45 bis 50 Min. grillen, bis die Zehen ganz weich sind. Vom Grill nehmen, vorsichtig auswickeln, ausdampfen und abkühlen lassen. Die Zehen über einer kleinen Schüssel aus den Häuten drücken. 2 EL Öl, Chiliflocken und 1 kräftige Prise Salz zufügen und alles mit einer Gabel zu einer Paste zerdrücken.

3. Inzwischen die Grillpfanne über direkter Hitze 10 Min. vorheizen. In einer Schüssel 1 EL Öl mit ½ TL Salz und ¼ TL Pfeffer verrühren. Den Stängelkohl im Würzöl mehrmals wenden, dann in einer Lage in der Grillpfanne verteilen und über ***direkter mittlerer bis starker Hitze*** bei geschlossenem Deckel 3–5 Min. grillen (abhängig von der Dicke der Stiele), bis das Gemüse stellenweise gut gebräunt und knackig-zart ist, dabei gelegentlich wenden. Die Pfanne vom Grill nehmen und den Kohl in eine saubere Schüssel geben.

4. Die Paprikaschote über ***direkter mittlerer bis starker Hitze*** bei geschlossenem Deckel 10 bis 12 Min. grillen, dabei gelegentlich wenden, bis ihre Haut rundherum schwarz ist und Blasen wirft. In einer mit Frischhaltefolie abgedeckten Schüssel etwa 10 Min. ausdampfen lassen. Anschließend die verkohlte Haut der Paprika abziehen, Stielansatz, Trennwände und Kerne entfernen. Das Fruchtfleisch in ½ cm schmale Streifen schneiden.

5. Einen Pizzastein nach Herstelleranweisung über direkter Hitze etwa 15 Min. vorheizen.

6. Den Teig in zwei gleich große Portionen teilen und diese jeweils zu einer Kugel formen. Die erste Kugel auf einer leicht bemehlten Arbeitsfläche zu einem 30 cm großen Kreis ausrollen oder mit den Händen ausziehen. Den Pizzaheber (oder ein randloses Backblech) leicht bemehlen und vollständig unter den Teigkreis schieben. Den Teigkreis auf den heißen Stein gleiten lassen und über ***direkter mittlerer bis starker Hitze*** bei geschlossenem Grilldeckel etwa 3 Min. backen, bis die Unterseite goldbraun ist und sich fest anfühlt.

7. Den Fladen mit dem Pizzaheber vom heißen Stein nehmen. Umdrehen und die gegrillte Seite mit der Hälfte der Knoblauchpaste so bestreichen, dass ein 2 cm breiter äußerer Rand frei bleibt. Den Fladen mit der Hälfte des Mozzarellas, des Kohls, der Paprika und des Pecorinos belegen. Erneut auf den Pizzastein gleiten lassen und über ***direkter mittlerer bis starker Hitze*** bei geschlossenem Deckel weitere 3–5 Min. backen, bis der Teigboden knusprig und goldbraun und der Käse geschmolzen ist. Auf ein Schneidbrett heben, wie eine Torte aufschneiden und warm servieren.

8. Den Pizzastein mit dem Silikon-Backpinsel von allen Mehlresten säubern. Aus den übrigen Zutaten wie beschrieben einen zweiten Fladen zubereiten.

ERGIBT 2 FLADEN (Ø 30 CM)

FOCACCIA
MIT TOMATEN UND BASILIKUM

ZUBEREITUNGSZEIT: 25 Min.
GRILLZEIT: 10–14 Min.
ZUBEHÖR: rechteckiger Pizzastein (44 x 30 cm)

1 Rezept Fladenteig (siehe Seite 93)
Mehl
1 ½ EL Olivenöl, plus mehr zum Servieren
350 g reife Tomaten, entkernt, in 1 cm große Würfel geschnitten
1 ¼ TL grobes Meersalz
1 TL getrockneter Oregano
50 g fein geriebener Parmesan
4 EL in feine Streifen geschnittene Basilikumblätter
¼ TL frisch gemahlener schwarzer Pfeffer

1. Den Grill für direkte mittlere Hitze (175–230 °C) vorbereiten und den Pizzastein nach Herstelleranweisung etwa 15 Min. vorheizen.

2. Ein randloses Backblech mit einem gut 40 cm langen Stück Backpapier auslegen und dieses leicht bemehlen. Den Teig auf das Backpapier geben, mit den Händen flach drücken und zu einem etwa 40 x 20 cm großen und 1 cm dicken Rechteck oder Oval ausziehen (die Form darf ruhig etwas unregelmäßig ausfallen). Falls sich der Teig anfangs zu stark zusammenzieht, mit einem Küchentuch bedecken, 5 Min. ruhen lassen und dann erneut ausziehen.

3. Mit den Fingerspitzen in den Teigfladen überall kleine Mulden drücken, anschließend die Oberseite mit 1 ½ EL Öl bestreichen. Tomatenwürfel auf dem Fladen verteilen und behutsam in den Teig drücken, dabei einen gut 2 cm breiten äußeren Rand frei lassen. Mit Salz und Oregano würzen. Den Fladen mit dem Backpapier aus dem Blech heben und auf den Pizzastein setzen. Über ***direkter mittlerer Hitze*** bei geschlossenem Deckel 10–14 Min. backen, bis die Focaccia auf der Unterseite goldbraun und auf der Oberseite leicht gebräunt ist.

4. Die Focaccia auf ein Schneidbrett geben. Noch heiß mit Parmesan, Basilikum und Pfeffer bestreuen und mit etwas Öl beträufeln. In breite Streifen schneiden und warm servieren.

FÜR 4–6 PERSONEN

CHAMPIGNONPIZZA
MIT MANCHEGO UND MINZE

ZUBEREITUNGSZEIT: 30 Min.
GRILLZEIT: 17–21 Min.
ZUBEHÖR: gelochte Grillpfanne, Pizzastein (Ø etwa 36 cm), Pizzaheber (nach Belieben), Silikon-Backpinsel

1 Rezept Fladenteig (siehe Seite 93)
500 g Riesenchampignons (Portobello), geputzt, Stiele und dunkle Lamellen entfernt, Hüte in 1 cm große Stücke geschnitten
Olivenöl
1 große Knoblauchzehe, fein gehackt
1 TL grobes Meersalz
frisch gemahlener schwarzer Pfeffer
Mehl
250 g spanischer Manchego-Käse, entrindet, mit einem Gemüseschäler in 1 cm breite Späne gehobelt
4 EL gehackte Minzeblätter

1. Den Grill für direkte mittlere Hitze (175–230 °C) vorbereiten und die gelochte Grillpfanne etwa 15 Min. vorheizen.

2. In einer großen Schüssel Pilze, 1 EL Öl, Knoblauch, Salz und ¼ TL Pfeffer mischen. Die Pilze in einer Lage in der Grillpfanne verteilen und über ***direkter mittlerer Hitze*** bei geschlossenem Deckel 5–7 Min. grillen, bis sie weich sind und zu bräunen beginnen, dabei ab und zu durchmischen. Die Grillpfanne mit den Pilzen auf einer hitzefesten Unterlage beiseitestellen. Den Pizzastein nach Herstelleranweisung etwa 15 Min. vorheizen.

3. Den Teig in zwei gleich große Portionen teilen und diese jeweils zu einer Kugel formen. Die erste Kugel auf einer leicht bemehlten Arbeitsfläche zu einem 30 cm großen Kreis ausrollen oder mit den Händen ausziehen. Den Pizzaheber (oder ein randloses Backblech) leicht bemehlen und vollständig unter den Teigkreis schieben. Den Teigkreis auf der Oberseite mit 1 ½ TL Olivenöl bestreichen. Auf den heißen Stein gleiten lassen und über ***direkter mittlerer Hitze*** bei geschlossenem Deckel etwa 3 Min. backen, bis die Unterseite goldbraun ist und sich fest anfühlt.

4. Mit dem Pizzaheber vom heißen Stein nehmen. Umdrehen und die gegrillte Seite gleichmäßig mit der Hälfte der Pilze und der Hälfte des Käses belegen, dabei einen 2 cm breiten äußeren Rand frei lassen. Erneut auf den Pizzastein gleiten lassen und über ***direkter mittlerer Hitze*** bei geschlossenem Deckel weitere 3–5 Min. backen, bis die Pizza knusprig und goldbraun und der Käse geschmolzen ist. Auf ein Schneidbrett heben, großzügig mit Pfeffer würzen und mit der Hälfte der gehackten Minze bestreuen. Wie eine Torte aufschneiden und warm servieren.

5. Den Pizzastein mit dem Silikon-Backpinsel von allen Mehlresten säubern. Aus den übrigen Zutaten wie beschrieben eine zweite Pizza zubereiten.

ERGIBT 2 PIZZAS (Ø 30 CM)

PIZZA

MIT WEICH GEGRILLTEM KNOBLAUCH, KARTOFFELN UND ROSMARIN

ZUBEREITUNGSZEIT: 30 Min.
GRILLZEIT: etwa 1¼ Std.
ZUBEHÖR: gelochte Grillpfanne, Pizzastein (Ø etwa 36 cm), Pizzaheber (nach Belieben), Silikon-Backpinsel

1 Rezept Fladenteig (siehe Seite 93)
1 große Knoblauchknolle
Olivenöl
1 kräftige Prise Chiliflocken
grobes Meersalz
300 g kleine festkochende Kartoffeln, in ½ cm dicke Scheiben geschnitten
4 Zweige Rosmarin, je 3 cm lang
Mehl
3 TL gehackte Rosmarinnadeln
2 Kugeln Mozzarella (250 g), abgetropft und trockengetupft, in dünne Scheiben geschnitten
100 g fein geriebener Parmesan
frisch gemahlener schwarzer Pfeffer

1. Den Grill für indirekte mittlere Hitze (175 bis 230 °C) vorbereiten.

2. Von der Knoblauchknolle oben einen Deckel abschneiden, sodass das Fruchtfleisch der einzelnen Zehen freiliegt. Die Schnittflächen der Knoblauchzehen großzügig mit Öl beträufeln und die Knolle in Alufolie einwickeln. Über ***indirekter mittlerer Hitze*** bei geschlossenem Deckel 45–50 Min. grillen, bis die Zehen ganz weich sind.

3. Die Knoblauchknolle vom Grill nehmen, vorsichtig auswickeln, ausdampfen und abkühlen lassen. Die Zehen über einer kleinen Schüssel aus den Häuten drücken. 2 EL Öl, Chiliflocken und 1 kräftige Prise Salz zufügen und alles mit einer Gabel zu einer Paste zerdrücken.

4. Die gelochte Grillpfanne über indirekter Hitze 10 Min. vorheizen. In einer mittelgroßen Schüssel die Kartoffelscheiben mit den Rosmarinzweigen, 1 EL Öl und ½ TL Salz mischen. Die Kartoffeln in einer Lage in der Grillpfanne verteilen und über ***indirekter mittlerer Hitze*** bei geschlossenem Deckel etwa 12 Min. grillen, dabei die Scheiben gelegentlich wenden, bis sie stellenweise kräftig gebräunt sind und sich mit einer Gabel zerteilen lassen, aber noch nicht zerkocht sind. Die Pfanne vom Grill nehmen und die Rosmarinzweige entfernen.

5. Die Grilltemperatur auf starke Hitze erhöhen (230–290 °C) und den Pizzastein nach Herstelleranweisung etwa 15 Min. vorheizen.

6. Den Teig in zwei gleich große Portionen teilen und diese jeweils zu einer Kugel formen. Die erste Kugel auf einer leicht bemehlten Arbeitsfläche zu einem 30 cm großen Kreis ausrollen oder mit den Händen ausziehen. Den Pizzaheber (oder ein randloses Backblech) leicht bemehlen und vollständig unter den Teigkreis schieben.

7. Den Teigkreis mit der Hälfte der Knoblauchpaste bestreichen, dabei einen gut 1 cm breiten äußeren Rand frei lassen, anschließend mit der Hälfte des Rosmarins bestreuen, mit der Hälfte der Kartoffeln und des Mozzarellas belegen, mit der Hälfte des Parmesans und zuletzt mit ¼ TL Pfeffer bestreuen.

8. Die Pizza auf den heißen Stein gleiten lassen und über ***indirekter starker Hitze*** bei geschlossenem Deckel 12–15 Min. backen, bis sie knusprig und goldbraun und der Käse geschmolzen ist. Auf ein Schneidbrett heben, wie eine Torte aufschneiden und warm servieren.

9. Den Pizzastein mit dem Silikon-Backpinsel von allen Mehlresten säubern. Aus den übrigen Zutaten wie beschrieben eine zweite Pizza zubereiten.

ERGIBT 2 PIZZAS (Ø 30 CM)

SCHOKOPIZZA

MIT BIRNEN UND AMARETTIBRÖSELN

ZUBEREITUNGSZEIT: 20 Min.
GRILLZEIT: 12–14 Min.
ZUBEHÖR: Pizzastein (Ø etwa 36 cm), Pizzaheber (nach Belieben), Silikon-Backpinsel

1 Rezept Fladenteig (siehe Seite 93)
Mehl
3 TL Rapsöl
2 TL Pistazien- oder Walnussöl
1 TL Rohzucker
¼ TL gemahlene Muskatnuss
120 g Zartbitterschokolade, in kleine Stücke gebrochen
500 g reife Birnen, längs geviertelt, entkernt, in dünne Scheiben geschnitten
30–60 g Amaretti (italienische Mandelmakronen; nach Geschmack), zerbröselt

1. Den Grill für direkte mittlere Hitze (175–230 °C) vorbereiten und den Pizzastein nach Herstelleranweisung 10–15 Min. vorheizen.

2. Den Teig in zwei gleich große Portionen teilen und diese jeweils zu einer Kugel formen. Eine Kugel bis zur Verwendung mit einem sauberen Küchentuch abdecken. Die zweite Kugel auf einer leicht bemehlten Arbeitsfläche zu einem 30 cm großen Kreis ausrollen oder mit den Händen ausziehen. Den Pizzaheber (oder ein randloses Backblech) leicht bemehlen und vollständig unter den Teigkreis schieben.

3. Den Teigkreis auf der Oberseite mit 1 ½ TL Rapsöl bestreichen und mit der eingeölten Seite nach unten zügig, aber behutsam auf den Pizzastein stürzen. Über ***direkter mittlerer Hitze*** bei geschlossenem Deckel etwa 3 Min. backen, bis die Unterseite leicht gebräunt ist und sich fest anfühlt. Mit dem Pizzaheber vom heißen Stein nehmen. Umdrehen und die gegrillte Seite gleichmäßig bis zum Rand mit 1 TL Pistazienöl einpinseln. Die Teigoberfläche mit den Zinken einer Gabel einstechen. In einer kleinen Schüssel Zucker und Muskatnuss vermengen. Die Hälfte der Mischung über die Pizza streuen, dabei einen 1 cm breiten äußeren Rand frei lassen, dann die Hälfte der Schokolade darauf verteilen. Die Pizza wieder auf den heißen Stein gleiten lassen (aufpassen, dass die Schokolade nicht herunterfällt) und über ***direkter mittlerer Hitze*** bei geschlossenem Deckel weitere 3–4 Min. backen, bis die Pizza goldbraun ist und die Schokolade geschmolzen ist. Vom Grill nehmen und die Schokolade gleichmäßig auf der Pizza verstreichen. Die Pizza mit der Hälfte der Birnen belegen und die Hälfte der Amarettibrösel darüberstreuen. Wie eine Torte aufschneiden und warm servieren.

4. Den Pizzastein mit dem Silikon-Backpinsel von allen Mehlresten säubern. Aus den übrigen Zutaten wie beschrieben eine zweite Pizza zubereiten.

ERGIBT 2 PIZZAS (Ø 30 CM)

FEIGEN-HONIG-FLADEN

MIT ZIMTMASCARPONE

ZUBEREITUNGSZEIT: 20 Min.
GRILLZEIT: 10–14 Min.
ZUBEHÖR: Pizzastein (Ø etwa 36 cm), Pizzaheber (nach Belieben), Silikon-Backpinsel

1 Rezept Fladenteig (siehe Seite 93)
Mehl
Olivenöl
½ TL grobes Meersalz
4 TL Honig, erwärmt
2 TL heller Muscovado-Zucker
225 g Mascarpone
4 TL Milch
½ TL gemahlene Muskatnuss
¼ TL gemahlener Zimt
280 g getrocknete Feigen, gewürfelt
ganze Minzeblätter

1. Den Grill für direkte mittlere Hitze (175–230 °C) vorbereiten und den Pizzastein nach Herstelleranweisung 10–15 Min. vorheizen.

2. Den Teig in zwei gleich große Portionen teilen und diese jeweils zu einer Kugel formen. Eine Kugel bis zur Verwendung mit einem sauberen Küchentuch abdecken. Die zweite Kugel auf einer leicht bemehlten Arbeitsfläche zu einem 30 cm großen Kreis ausrollen oder mit den Händen ausziehen. Den Pizzaheber (oder ein randloses Backblech) leicht bemehlen und vollständig unter den Teigkreis schieben.

3. Den Teigkreis auf der Oberseite mit 1 ½ TL Olivenöl bestreichen und gleichmäßig mit ¼ TL Salz bestreuen. Mit der eingeölten Seite nach unten zügig, aber behutsam auf den Pizzastein stürzen. Über ***direkter mittlerer Hitze*** bei geschlossenem Deckel etwa 3 Min. backen, bis die Unterseite leicht gebräunt ist und sich fest anfühlt. Mit dem Pizzaheber vom heißen Stein nehmen. Umdrehen und die gegrillte Seite mit 2 TL warmem Honig bestreichen, anschließend mit 1 TL Zucker bestreuen. Den Fladen wieder auf den heißen Stein gleiten lassen und über ***direkter mittlerer Hitze*** bei geschlossenem Deckel weitere 3–4 Min. backen, bis er goldbraun ist. Auf ein großes Schneidbrett heben.

4. Den Mascarpone mit der Milch glatt rühren. Den Fladen mit der Hälfte des Mascarpones bestreichen, dabei einen etwa 1 cm breiten äußeren Rand frei lassen. Mit ¼ TL Muskatnuss und 1 kräftigen Prise Zimt bestreuen und mit der Hälfte der Feigen und einigen ganzen Minzeblättern belegen. Wie eine Torte aufschneiden und warm servieren.

5. Den Pizzastein mit dem Silikon-Backpinsel von allen Mehlresten säubern. Aus den übrigen Zutaten wie beschrieben einen zweiten Fladen zubereiten.

ERGIBT 2 FLADEN (Ø 30 CM)

TARTE TATIN
MIT CALVADOSSAHNE

ZUBEREITUNGSZEIT: 45 Min.
KÜHLZEIT: 2 Std.
GRILLZEIT: 20–22 Min.
ZUBEHÖR: gusseiserne Pfanne (Ø 26 cm)

Für den Teig

200 g Mehl
3 EL Zucker
½ TL grobes Meersalz
180 g kalte Butter, in 1 cm große Würfel geschnitten
80 g Schmand

Für die Füllung

120 g Butter, in 4 Stücke geschnitten
150 g plus 2 EL Zucker
6 große saftige Äpfel (z. B. Granny Smith oder Fuji), längs halbiert, geschält, entkernt
1 TL gemahlener Zimt
1 Ei (Größe M), leicht verquirlt

250 g Sahne
1 EL Zucker
2 TL Calvados (französischer Apfelbranntwein)

1. Für den Teig in der Küchenmaschine Mehl, Zucker und Salz durch ein- bis zweimaliges Drücken der Impulstaste mischen. Butterwürfel dazugeben und acht- bis zehnmal die Impulstaste drücken, bis sich erbsengroße Streusel bilden. Den Schmand durch vier- bis sechsmaliges Drücken der Impulstaste untermixen, bis sich feuchte Klumpen bilden. Den Teig mit den Händen zu einer Kugel formen, die Kugel zu einem Kreis von 15 cm Durchmesser flach drücken. Den Teigkreis in Frischhaltefolie wickeln und 2 Std. kalt stellen.

2. Den Grill für indirekte mittlere Hitze vorbereiten (möglichst 200 °C).

3. Für die Füllung die 4 Butterstücke in der Gusseisenpfanne verteilen. Butter und Pfannenboden gleichmäßig mit 150 g Zucker bestreuen. Die Pfanne auf dem Herd auf mittlerer Stufe erhitzen, bis nach etwa 2 Min. die Butter flüssig, der Zucker teilweise geschmolzen ist und die Mischung sanft brodelt. Vom Herd nehmen. Die Apfelhälften mit der Schnittfläche nach unten dicht an dicht in die Pfanne legen. Gegebenenfalls die übrigen Hälften in Viertel schneiden und mit diesen die Lücken füllen. Die Äpfel mit 2 EL Zucker und dem Zimt bestreuen. Die Pfanne auf mittlerer bis hoher Stufe erneut aufsetzen und die Äpfel 20 Min. garen, bis sich ein dicker, bernsteinfarbener Sirup gebildet hat, dabei die Pfanne ab und zu auf der Herdplatte drehen.

4. Kurz vor Ende der Garzeit den Teig auf einem Stück Backpapier zu einem Kreis in der Größe der Gusseisenpfanne ausrollen.

5. Wenn die Äpfel fertig sind, die Pfanne vom Herd nehmen. Den Teigkreis (mit der Backpapierseite nach oben) über die Äpfel legen, das Backpapier abziehen und überhängende Teigstücke seitlich in

die Pfanne schieben. Zügig arbeiten, da die heißen Äpfel den Teig sonst schmelzen lassen. Den Teigdeckel drei- bis viermal einschneiden, dann gleichmäßig mit dem verquirlten Ei bestreichen.

6. Die Pfanne über ***indirekte mittlere Hitze*** stellen, den Deckel schließen und den Kuchen 20–22 Min. backen, bis der Teigdeckel kräftig gebräunt ist, sich beim Draufklopfen fest anfühlt und der Karamell am Pfannenboden dunkel bernsteinfarben ist. Vom Grill nehmen und auf einem Kuchengitter 1 Min. abkühlen lassen. Die Tarte mit einem schmalen Küchenspatel vom Pfannenrand lösen. Eine hitzefeste Kuchenplatte auf die Pfanne legen und die Tarte auf die Platte stürzen, dabei zum Schutz der Hände Grillhandschuhe tragen. Die Tarte leicht abkühlen lassen.

7. Inzwischen in einer mittelgroßen Schüssel die Sahne mit dem Zucker schlagen, bis sich weiche Spitzen bilden. Den Calvados zufügen und noch 1 Min. weiterschlagen.

8. Die Tarte Tatin warm oder raumtemperiert mit der Calvadossahne servieren.

FÜR 8 PERSONEN

GEGRILLTE APFELRINGE

MIT VANILLE-CRÈME-FRAÎCHE UND GERÖSTETEN MANDELN

ZUBEREITUNGSZEIT: 15 Min.
GRILLZEIT: 4–5 Min.
ZUBEHÖR: Apfelausstecher

4 EL Mandelblättchen
180 g Crème fraîche, gekühlt
1½ TL Honig
1 Vanilleschote
4 große süße Äpfel (z. B. Gala oder Gravenstein; etwa 1 kg)
Rapsöl
¼ TL gemahlene Muskatnuss

1. Die Mandeln in einer kleinen Pfanne ohne Zugabe von Fett in 3–4 Min. goldbraun rösten, dabei häufig umrühren und aufpassen, dass sie nicht verbrennen. Die Mandeln anschließend sofort auf einen Teller geben, damit sie nicht weiter bräunen.

2. In einer kleinen Schüssel die kalte Crème fraîche mit dem Honig verrühren. Mit einem kleinen scharfen Messer die Vanilleschote längs aufschlitzen, das Mark herausschaben und unter die Crème fraîche rühren.

3. Den Grill für direkte mittlere bis starke Hitze (200–230 °C) vorbereiten.

4. Von den Äpfeln das Kerngehäuse ausstechen. Die Äpfel in gut 1 cm dicke Ringe schneiden. Die Apfelringe auf beiden Seiten dünn mit Öl bestreichen und gleichmäßig mit Muskatnuss bestreuen. Auf dem Grillrost über ***direkter mittlerer bis starker Hitze*** bei geschlossenem Deckel 4–5 Min. grillen, bis sie weich sind und das typische Grillmuster angenommen haben, dabei einmal wenden.

5. Die Apfelringe leicht überlappend auf einzelnen Tellern anrichten, großzügig Crème fraîche darüberklecksen und mit gerösteten Mandelblättchen garniert servieren.

FÜR 4–6 PERSONEN

BIRNEN
MIT HASELNUSSSTREUSELN UND VANILLESAHNE

ZUBEREITUNGSZEIT: 20 Min.
GRILLZEIT: 24–35 Min.
ZUBEHÖR: gusseiserne Pfanne (Ø 30 cm)

Für die Streusel

4 EL Haselnusskerne
50 g Mehl
4 EL kernige Haferflocken
4 EL heller Muscovado-Zucker
¼ TL gemahlener Zimt
1 kräftige Prise gemahlene Muskatnuss
1 kräftige Prise grobes Meersalz
60 g kalte Butter, in 1 cm große Würfel geschnitten

3 große feste, aber reife Birnen, längs halbiert, entkernt
2 EL Butter, zerlassen
250 g Sahne
1 EL Zucker
½ TL Vanilleextrakt

1. Den Backofen auf 180 °C vorheizen. Die Haselnüsse auf einem kleinen Backblech verteilen und im heißen Ofen etwa 12 Min. rösten, bis sie gebräunt sind. Vollständig abkühlen lassen. Danach in einem sauberen Küchentuch die Haut der Haselnüsse abrubbeln.

2. Die Haselnüsse in der Küchenmaschine grob hacken. Mehl, Haferflocken, Muscovado-Zucker, Zimt, Muskatnuss und Salz dazugeben und alles durch ein- bis zweimaliges Drücken der Impulstaste vermischen. Die Butterwürfel zufügen und die Mischung zu feinen Streuseln mixen.

3. Den Grill für direkte und indirekte mittlere Hitze (175–230 °C) vorbereiten.

4. Die Schnittflächen der Birnenhälften mit der zerlassenen Butter bestreichen. Die Birnen mit der gebutterten Seite nach unten über ***direkter mittlerer Hitze*** bei geschlossenem Deckel 4–5 Min. grillen, bis sie gebräunt sind. Die Birnenhälften mit der Schnittfläche nach oben in die Gusseisenpfanne legen und die Streusel darüberstreuen. Über ***indirekter mittlerer Hitze*** bei geschlossenem Deckel 20–30 Min. grillen, bis die Birnen weich und die Streusel schön gebräunt sind, dabei die Pfanne ein- bis zweimal drehen, damit die Birnen gleichmäßig garen. Vom Grill nehmen und etwas abkühlen lassen.

5. Die Sahne schlagen, bis sie etwas fester ist. Zucker und Vanilleextrakt dazugeben und weiterschlagen, bis weiche Spitzen stehen bleiben. Die Birnen mit der Vanillesahne servieren.

FÜR 6 PERSONEN

BIRNEN-FRANGIPANE-TARTE

ZUBEREITUNGSZEIT: 30 Min.
KÜHLZEIT: 1 Std.
GRILLZEIT: 1½–1¾ Std.
ZUBEHÖR: Tarteform (Ø 24 cm)

Für den Teig

200 g Mehl
100 g Zucker
½ TL grobes Meersalz
120 g kalte Butter, in 1 cm große Würfel geschnitten
1 Eigelb (Größe L)
weiche Butter

2 große feste, aber reife Birnen (z. B. Anjou oder Kaiser Alexander)
2 EL frisch gepresster Zitronensaft

Für die Frangipane

130 g Zucker
120 g weiche Butter
1 Ei (Größe L)
1 Eigelb (Größe L)
120 g fein gemahlene Mandeln
2 EL Birnenbrand
1 TL Vanilleextrakt
½ TL Mandelextrakt (kein Bittermandelaroma)

Für die Glasur

100 g Aprikosenkonfitüre

1. Für den Teig Mehl, Zucker und Salz in der Küchenmaschine durch ein- bis zweimaliges Drücken der Impulstaste mischen. Die Butter zufügen und 15- bis 18-mal die Impulstaste drücken, bis eine Streuselmischung entsteht. Das Eigelb dazugeben und etwa achtmal die Impulstaste drücken, bis sich feuchte Klumpen bilden. 3 EL eiskaltes Wasser untermischen, dafür etwa sechsmal die Impulstaste drücken, bis ein zusammenhängender Teig entsteht. Boden und Rand der Tarteform mit dem Teig auskleiden, dabei behutsam vorgehen und den Teig nicht zu stark bearbeiten. Den Teigboden mit den Zinken einer Gabel etwa achtmal einstechen. Die ausgekleidete Form für 1 Std. in den Kühlschrank stellen.

2. Den Grill für indirekte mittlere Hitze vorbereiten (möglichst 190 °C).

3. Ein Stück Alufolie, das etwas größer als die Form sein soll, buttern. Mit der gebutterten Seite nach unten in die Form drücken, sodass Teigboden und Teigrand vollständig mit Folie bedeckt sind. Den Teig über ***indirekter mittlerer Hitze*** bei geschlossenem Deckel etwa 20 Min. backen, bis er leicht gebräunt ist.

4. Inzwischen die Birnen längs halbieren, schälen, Kerngehäuse und Stiele entfernen. Die Birnen der Länge nach in ½ cm dicke Spalten schneiden, dabei das Messer 2½ cm unterhalb der Spitze ansetzen, sodass die Spalten noch am Stielansatz zusammenhängen. Gleichmäßig mit dem Zitronensaft beträufeln.

5. Für die Frangipane in einer Rührschüssel Zucker und Butter mit dem Handmixer hell und cremig schlagen, dann Ei und Eigelb unterrühren. Gemahlene Mandeln, Birnenbrand, Vanille- und Mandelextrakt zufügen und unterrühren, bis die Zutaten

eben vermischt sind. Die Mandelcreme auf dem Teigboden verstreichen. Birnenhälften mit der Schnittfläche nach unten so darauflegen, dass ihre Spitze jeweils zur Mitte zeigt. Birnen etwas auffächern und behutsam in die Mandelcreme drücken.

6. Die Tarte über ***indirekter mittlerer Hitze*** bei geschlossenem Grilldeckel 70–90 Min. backen, bis die Füllung fest geworden und schön gebräunt ist. Während der letzten 10 Min. die Glasur vorbereiten. Dafür die Konfitüre mit 1 EL Wasser in einem kleinen Topf auf mittlerer bis kleiner Stufe unter häufigem Rühren erhitzen, bis sie flüssig ist. Durch ein feines Sieb in eine kleine Schüssel passieren.

7. Die Form vom Grill nehmen und auf ein Kuchengitter setzen. Die Tarte auf der Oberseite gleichmäßig mit der Aprikosenglasur bestreichen. In der Form abkühlen lassen. Wie eine Torte aufschneiden und warm oder raumtemperiert servieren.

FÜR 8–10 PERSONEN

ORANGEN-MANDEL-KUCHEN
MIT OLIVENÖL

ZUBEREITUNGSZEIT: 25 Min.
GRILLZEIT: etwa 40 Min.
ZUBEHÖR: kleine Springform (Ø 24 cm)

Olivenöl
4 Eier (Größe L)
200 g plus 3 EL Zucker
1 ½ EL fein abgeriebene Schale von
1 großen Bio-Orange
125 ml plus 3 EL frisch gepresster Orangensaft
1 TL Vanilleextrakt
200 g Mehl
100 g fein gemahlene Mandeln
1 ½ TL Backpulver
1 TL Backnatron
1 TL grobes Meersalz
½ TL gemahlener Kardamom
Puderzucker (nach Belieben)

1. Den Grill für indirekte mittlere Hitze vorbereiten (möglichst 175 °C). Die Springform mit Öl ausstreichen und den Boden mit Backpapier belegen.

2. In einer Rührschüssel 125 ml Öl mit den Eiern, 200 g Zucker, Orangenschale, 125 ml Orangensaft und Vanilleextrakt mit dem Handmixer verrühren.

3. In einer mittelgroßen Schüssel Mehl, Mandeln, Backpulver, Natron, Salz und Kardamom mischen. Die Mehlmischung mit den feuchten Zutaten in der Rührschüssel verrühren, bis die Zutaten eben vermengt sind (also nicht zu lange rühren). Den Teig in die vorbereitete Form füllen, glatt streichen und über ***indirekter mittlerer Hitze*** bei geschlossenem Grilldeckel in etwa 40 Min. goldbraun backen. Der Kuchen ist gar, wenn an einem in der Mitte hineingestochenen Holzstäbchen beim Herausziehen kein feuchter Teig mehr haftet.

4. Inzwischen in einem kleinen Topf 3 EL Orangensaft mit 3 EL Zucker auf mittlerer Stufe erhitzen und unter häufigem Rühren 2–3 Min. köcheln lassen, bis sich der Zucker aufgelöst hat und die Mischung sirupartig eingedickt ist.

5. Den fertig gebackenen Kuchen vom Grill nehmen. Auf der Oberseite mit einem Teil des Sirups bestreichen und 10 Min. in der Form abkühlen lassen. Den Kuchen aus der Form lösen und den Kuchenrand rundherum mit dem restlichen Sirup einpinseln. Auf einem Kuchengitter vollständig auskühlen lassen. Vor dem Servieren nach Belieben mit etwas Puderzucker bestäuben. In Frischhaltefolie eingewickelt, lässt sich der Kuchen bei Raumtemperatur bis zu 2 Tage aufbewahren.

FÜR 8 PERSONEN

GRILL-ORANGEN

MIT OUZO AUF EISCREME

ZUBEREITUNGSZEIT: 10 Min.
GRILLZEIT: etwa 15 Min.

4 Navelorangen (je etwa 300 g)
4 EL Ouzo oder ein anderer Anisschnaps
2 EL plus 2 TL Rohzucker
½ TL gemahlener Zimt
2 EL Butter
4 Kugeln Vanille- oder Schokoladeneis

1. Den Grill für indirekte mittlere bis starke Hitze vorbereiten (200–230 °C).

2. Aus Alufolie vier Quadrate von etwa 30 cm Kantenlänge zuschneiden. Von der ersten Orange oben und unten jeweils einen Deckel abschneiden. Die Frucht aufrecht hinstellen und mit einem kleinen scharfen Messer der Form der Frucht folgend die Schale mitsamt der weißen Innenhaut von oben nach unten abschneiden. Die Orange anschließend quer in sechs bis sieben knapp 1 cm dicke Scheiben schneiden und die Scheiben entsprechend der ursprünglichen Form der Frucht wieder aufeinanderlegen. Die Orange mittig auf ein Folienstück setzen und die Folienränder etwas nach oben falten. 1 EL Ouzo, 2 TL Rohzucker und 1 kräftige Prise Zimt über die Orange geben, dann ½ EL Butter daraufsetzen. Die Orange vollständig mit der Folie umschließen und die Folie dabei andrücken. Die übrigen Orangen genauso vorbereiten.

3. Die Orangenpakete über ***indirekter mittlerer bis starker Hitze*** bei geschlossenem Deckel grillen, bis der Zucker nach etwa 15 Min. geschmolzen und karamellisiert ist. Vom Grill nehmen, die Orangen vorsichtig auswickeln und mit ihrem Sud jeweils über 1 Kugel Eiscreme geben.

FÜR 4 PERSONEN

KIRSCH-CLAFOUTIS

ZUBEREITUNGSZEIT: 15 Min.
GRILLZEIT: 20–30 Min.
ZUBEHÖR: gusseiserne Pfanne (Ø 25 cm)

1 EL weiche Butter
350 g Kirschen, entsteint
100 g plus 2 EL Zucker
3 Eier (Größe XL), raumtemperiert
250 g Sahne
125 ml Milch
2 EL Kirschwasser
1 TL fein abgeriebene Schale von 1 Bio-Zitrone
1 TL Vanilleextrakt
½ TL grobes Meersalz
50 g Mehl
Puderzucker

TIPP!

Am besten gelingt der Clafoutis, wenn alle Zutaten Raumtemperatur haben. Außerhalb der Kirschsaison sind aufgetaute und gut abgetropfte TK-Kirschen ein akzeptabler Ersatz für frische Kirschen. Auch frische Beeren eignen sich anstelle der Kirschen.

1. Den Grill für direkte und indirekte mittlere Hitze vorbereiten (möglichst 200 °C). Die Gusseisenpfanne mit der Butter einfetten.

2. Die Kirschen in der Pfanne verteilen und mit 2 EL Zucker bestreuen.

3. In einer Rührschüssel die Eier und 100 g Zucker mit einem Handmixer auf hoher Stufe etwa 3 Min. hell und cremig schlagen. Sahne, Milch, Kirschwasser, Zitronenschale, Vanilleextrakt und Salz zufügen und alles verrühren. Das Mehl dazugeben und bei niedriger Geschwindigkeit nur so lange untermengen, bis alle Zutaten eben vermischt sind. Den Teig über die Kirschen in der Pfanne gießen und glatt streichen.

4. Die Pfanne über ***direkte mittlere Hitze*** stellen, den Grilldeckel schließen und den Clafoutis 5 Min. backen. Danach die Pfanne über ***indirekte mittlere Hitze*** ziehen und den Clafoutis bei geschlossenem Deckel weitere 15–25 Min. backen, bis der Eierteig locker aufgegangen und goldbraun ist. Damit er gleichmäßig gart, die Pfanne in dieser Zeit ein- bis zweimal drehen. Vom Grill nehmen und auf einem Kuchengitter mind. 15 Min. abkühlen lassen. Den Clafoutis vor dem Servieren mit Puderzucker bestäuben und warm oder raumtemperiert servieren.

FÜR 8 PERSONEN

PFLAUMEN
MIT BRANDY-BUTTER

ZUBEREITUNGSZEIT: 10 Min.
GRILLZEIT: 6–8 Min.

120 g weiche Butter
1 ½ EL Brandy oder Cognac
1 ½ EL Honig
gemahlener Piment
1 kräftige Prise grobes Meersalz
4 große reife Pflaumen, halbiert und entsteint
Rapsöl

TIPP!

Je nach Saison andere reife Steinfrüchte verwenden, etwa Pfirsiche oder Nektarinen.

1. Den Grill für direkte mittlere Hitze (175–230 °C) vorbereiten.

2. In einer kleinen Schüssel die Butter mit Brandy, Honig, ½ TL Piment und Salz glatt rühren.

3. Die Schnittflächen der Pflaumen dünn mit Öl bestreichen. Die Pflaumen zunächst mit ihren Schnittflächen nach unten über ***direkter mittlerer Hitze*** bei geschlossenem Deckel 6–8 Min. grillen, bis sie ein deutliches Grillmuster angenommen haben, dabei einmal wenden. Vom Grill nehmen. In jede Pflaumenhälfte 1 großzügigen EL Brandy-Butter geben, mit weiterem Piment bestreuen und die Pflaumen sofort servieren.

FÜR 4 PERSONEN

FRÜCHTEKOMPOTT
MIT EISCREME

ZUBEREITUNGSZEIT: 15 Min.
GRILLZEIT: etwa 5 Min.

2 feste, aber reife Nektarinen, halbiert und entsteint
2 große feste, aber reife Pflaumen, halbiert und entsteint
Rapsöl

Für den Sirup
100 g Zucker
1 TL fein abgeriebene Schale von 1 Bio-Orange
125 ml frisch gepresster Orangensaft
60 ml frisch gepresster Zitronensaft
½ TL Vanilleextrakt
¼ TL gemahlener Zimt
¼ TL gemahlener Kardamom

Vanilleeis
frisch gemahlener schwarzer Pfeffer (nach Belieben)

1. Den Grill für direkte mittlere Hitze (175–230 °C) vorbereiten.

2. Die Früchte rundherum dünn mit Öl einpinseln. Zunächst mit den Schnittflächen nach unten über ***direkter mittlerer Hitze*** bei geschlossenem Deckel etwa 5 Min. grillen, bis sie stellenweise gebräunt und etwas weicher, aber immer noch fest sind, dabei die Früchte einmal wenden. Vom Grill nehmen, lauwarm abkühlen lassen, dann in 2½ cm große Stücke schneiden.

3. Die Zutaten für den Sirup in einen mittelgroßen Topf geben. Auf mittlerer Stufe unter ständigem Rühren zum Kochen bringen, bis sich der Zucker aufgelöst hat. Den Sirup etwa 4 Min. köcheln und leicht eindicken lassen. Die Früchte einrühren und köcheln lassen, bis sie nach 5–7 Min. weich sind und der Sirup dicklich ist. Vom Herd nehmen und auf Raumtemperatur abkühlen lassen.

4. Zum Servieren das Kompott über Vanilleeis geben und nach Belieben die einzelnen Portionen mit etwas Pfeffer bestreuen.

FÜR 4–6 PERSONEN

TIPP!
Verwenden Sie nach Belieben andere Steinfrüchte, beispielsweise Pfirsiche und Aprikosen.

Beilagen

PORTERHOUSE CACCIATORE MARINADES FISH
SPIEDINI SKEWERS GRILLED GARLIC HAZELNUTS
PAPRIKA BROCHETTES TOAST
PRAWNS CHILES MOZZARELLA CALAMARI GORGONZOLA
EGGPLANT HALIBUT SCALLOPS ROASTED
PARMIGIANO-REGGIANO
SPAGHETTI ROSEMARY
BALSAMIC RUBS
HOT BROCCOLINI FOCACCIA
TAPENADE
ROASTED BASS
MUSSELS OLIVES GRILL
DUCK CHICKEN
GAZPACHO SALAD SEAFOOD PEAS
PANCETTA VINAIGRETTE OIL
GREENS RUSTIC ROASTED
SCALLOPS CAPERS EGGPLANT
GREENS
CAPERS
PROSCIUTTO
TAPENADE
GREEK EGGPLANT GOAT CHEESE GARLIC BRUSCHETTA ROASTED CARDAMOM
SKEWERS GAZPACHO POLENTA SALSA VINAIGRETTE MUSSELS SWORDFISH
ASPARAGUS SHALLOTS PAPRIKA ARUGULA FENNEL OLIVE OIL PIZZAS GORGONZOLA
VANILLA
SERRANO
SHALLOTS
MARINADES
GRILLING

BEILAGEN

MIT OLIVEN UND KRÄUTERN GEFÜLLTE TOMATEN

ZUBEREITUNGSZEIT: 15 Min.
GRILLZEIT: etwa 10 Min.
ZUBEHÖR: große Einweg-Aluschale

4 reife Tomaten (je etwa 150 g)
grobes Meersalz
Olivenöl
120 g Zwiebeln, fein gewürfelt
2 Knoblauchzehen, fein gehackt
2 Sardellenfilets in Öl, fein gehackt
40 g japanisches Panko-Paniermehl (Asia-Laden)
4 EL grob gehackte Kalamata-Oliven
3 EL fein gehackte glatte Petersilienblätter
1 EL fein gehackte Minzeblätter
2 TL fein gehackte Oreganoblättchen
¼ TL frisch gemahlener schwarzer Pfeffer

1. Den Grill für indirekte mittlere Hitze (175 bis 230 °C) vorbereiten.

2. Von den Tomaten oben eine gut 1 cm dicke Scheibe abschneiden. Mit einem Löffel die Tomaten entkernen und davon 2 EL beiseitestellen. Die Tomaten innen mit je 1 Prise Salz würzen und umgedreht auf einem mit Küchenpapier ausgelegten Teller abtropfen lassen.

3. In einer kleinen Pfanne 2 EL Öl auf mittlerer bis kleiner Stufe erhitzen. Zwiebeln und Knoblauch darin unter gelegentlichem Rühren in 7–9 Min. goldgelb dünsten. Die Sardellen sowie 2 EL des ausgelösten Tomateninneren untermischen und alles noch 1 Min. weiterdünsten. Vom Herd nehmen und in eine große Schüssel geben. Mit Paniermehl, Oliven, Kräutern, Pfeffer und ¼ TL Salz mischen.

4. Die Aluschale mit Öl ausstreichen. Die Oliven-Kräuter-Mischung in die ausgehöhlten Tomaten füllen und leicht andrücken. Gleichmäßig mit 1 EL Öl beträufeln. Die Tomaten mit der Öffnung nach oben nebeneinander in die Aluschale setzen und über ***indirekter mittlerer Hitze*** bei geschlossenem Deckel etwa 10 Min. grillen, bis sie weich sind und die Füllung goldbraun ist. Vom Grill nehmen und vor dem Servieren 5 Min. abkühlen lassen.

FÜR 4 PERSONEN

TOMATEN MIT GRATINIERTEN KNOBLAUCHBRÖSELN

ZUBEREITUNGSZEIT: 5 Min.
GRILLZEIT: 8–10 Min.
ZUBEHÖR: gelochte Grillpfanne

4 große, feste Eiertomaten
4 EL japanisches Panko-Paniermehl (Asia-Laden) oder andere grobe Semmelbrösel
1 Frühlingszwiebel, nur der weiße und hellgrüne Abschnitt fein gehackt
3 mittelgroße Knoblauchzehen, fein gehackt
½ TL getrockneter Oregano
½ TL grobes Meersalz
1 kräftige Prise frisch gemahlener schwarzer Pfeffer
1 EL Olivenöl

1. Den Grill für indirekte mittlere bis starke Hitze (200–230 °C) vorbereiten und die gelochte Grillpfanne vorheizen.

2. Die Tomaten längs halbieren, entkernen und mit der Schnittfläche nach unten 5 Min. auf Küchenpapier abtropfen. In einer kleinen Schüssel Semmelbrösel, Frühlingszwiebel, Knoblauch, Oregano, Salz und Pfeffer mit einer Gabel mischen. Das Öl gründlich unterrühren und die Bröselmischung dabei mehrmals mit dem Gabelrücken zerdrücken, bis sich die Zutaten gut verbunden haben.

3. In die Tomatenhälften jeweils etwa 1 EL der Knoblauchbrösel geben. Mit der Füllung nach oben in die Grillpfanne setzen und über ***indirekter mittlerer bis starker Hitze*** bei geschlossenem Deckel 8–10 Min. ohne zu wenden grillen, bis die Tomaten warm sind und die Brösel stellenweise gebräunt sind. Warm servieren.

FÜR 4 PERSONEN

EMMERSALAT MIT SPARGEL UND KRÄUTERN

ZUBEREITUNGSZEIT: 25 Min.
GRILLZEIT: 6–8 Min.

Olivenöl
2 TL fein abgeriebene Schale von 1 Bio-Zitrone
100 ml frisch gepresster Zitronensaft
grobes Meersalz
frisch gemahlener schwarzer Pfeffer
130 g Perl-Emmer (Emmer-Reis)
500 g mitteldicker grüner Spargel, holzige Enden entfernt
1 Bund glatte Petersilie, Blätter grob gehackt
½ Bund Minze, Blätter grob gehackt
4 EL grob gehackte Dillspitzen
100 g Feta

1. In einer großen Schüssel 90 ml Öl, Zitronenschale und -saft, ½ TL Salz und ¼ TL Pfeffer verrühren. Die Weizenkörner nach Packungsanweisung garen. Noch heiß zur Zitronenvinaigrette in die Schüssel geben und behutsam vermischen.

2. Den Grill für direkte mittlere Hitze (175–230 °C) vorbereiten.

3. Den Spargel mit Öl beträufeln und mit ¼ TL Salz und 1 kräftigen Prise Pfeffer würzen. Über ***direkter mittlerer Hitze*** bei geschlossenem Deckel 6–8 Min. grillen, bis die Stangen ein Grillmuster angenommen haben und knackig-zart sind, dabei ab und zu wenden. Vom Grill nehmen und etwas abkühlen lassen, dann in 2–3 cm lange Stücke schneiden.

4. Spargel und Kräuter unter den Emmer heben. Den Feta darüberbröckeln und alles mit 1 EL Öl beträufeln. Warm oder raumtemperiert servieren.

FÜR 6 PERSONEN

ORIENTALISCHER PAPRIKA-WALNUSS-DIP MUHAMMARA

ZUBEREITUNGSZEIT: 20 Min.
GRILLZEIT: 10–12 Min.

3 große rote Paprikaschoten
150 g Walnusskerne, geröstet und grob gehackt
6 EL japanisches Panko-Paniermehl (Asia-Laden)
3 EL frisch gepresster Zitronensaft
1 ½ EL Granatapfelsirup
2 TL fein gehackter Knoblauch
1 ½ TL geräuchertes Paprikapulver
1 TL gemahlener Kreuzkümmel
1 TL grobes Meersalz
¼ TL Chiliflocken
3–5 EL Olivenöl

1. Den Grill für direkte mittlere Hitze (175–230 °C) vorbereiten.

2. Die Paprikaschoten über ***direkter mittlerer Hitze*** bei geschlossenem Deckel 10–12 Min. grillen, dabei die Schoten gelegentlich wenden, bis die Haut rundherum schwarz ist und Blasen wirft. In einer mit Frischhaltefolie abgedeckten Schüssel etwa 10 Min. ausdampfen lassen. Die verkohlte Haut der Paprika abziehen, Stielansatz, Kerne und Trennwände entfernen. Das Fruchtfleisch grob würfeln.

3. Paprika, Walnüsse, Brösel, Zitronensaft, Sirup, Knoblauch, Paprikapulver, Kreuzkümmel, Salz und Chiliflocken in der Küchenmaschine glatt pürieren, dabei am Schüsselrand haftende Reste zwischendurch nach unten schieben. Bei laufendem Motor langsam so viel Öl untermixen, bis eine sämige Sauce entsteht. In eine Schüssel füllen und als Dip zu Grissini, Chips oder Selleriesticks servieren.

FÜR 8 PERSONEN

MANGOLD AUF SIZILIANISCHE ART MIT SULTANINEN

ZUBEREITUNGSZEIT: 15 Min.

3 EL Olivenöl
2 eingelegte Sardellenfilets, abgebraust, zu einer Paste zerdrückt
2 TL Kapern, abgebraust und abgetropft
1 mittelgroße Zwiebel, fein gewürfelt
2 Knoblauchzehen, fein gehackt
¼ TL Chiliflocken (nach Geschmack)
80 g Sultaninen
2 Stauden Mangold, harte Stiele entfernt, Blätter grob gehackt
1 ½ TL Aceto balsamico
½ TL grobes Meersalz

1. In einer großen beschichteten Pfanne das Öl auf mittlerer bis hoher Stufe erhitzen. Sardellen und Kapern darin unter ständigem Rühren 30 Sek. anbraten. Zwiebel, Knoblauch und Chiliflocken zufügen und unter häufigem Rühren 2 Min. mitbraten. Die Sultaninen untermischen und mitgaren, bis sie nach etwa 1 Min. weich sind. Die Hitze auf hohe Stufe stellen und alles unter häufigem Rühren 2 Min. weiterbraten.

2. Eine erste große Handvoll Mangoldblätter dazugeben. Sobald sie zusammengefallen sind, folgt die nächste große Handvoll. Auf diese Weise den gesamten Mangold zubereiten, anschließend die Hitze auf mittlere Stufe reduzieren und noch etwa 2 Min. durchschwenken, bis der Mangold gar ist. Essig und Salz zufügen und das Gemüse unter ständigem Rühren weitere 30 Sek. garen. Heiß oder raumtemperiert servieren.

FÜR 4–6 PERSONEN

GRÜNER SPARGEL MIT SALZZITRONEN-AÏOLI

ZUBEREITUNGSZEIT: 20 Min.
RUHEZEIT: 4 Tage
GRILLZEIT: 6–8 Min.

3 große Bio-Zitronen, heiß abgebraust und trockengerieben
2 ½ TL grobes Meersalz
160 ml Mayonnaise
½ TL Weißweinessig
1 Knoblauchzehe, fein gehackt
½ TL frisch gemahlener schwarzer Pfeffer
1 kg mitteldicker grüner Spargel, holzige Enden entfernt
Olivenöl

1. Einen kleinen Topf zur Hälfte mit Wasser füllen und das Wasser zum Kochen bringen. Inzwischen mit einem Gemüseschäler von den Zitronen die Schale in Streifen abziehen. Danach die Früchte auspressen, es werden 160 ml Saft benötigt. Die Schalenstreifen im kochenden Wasser 1 Min. blanchieren, danach in einem feinen Sieb gut abtropfen lassen. Die Schalen in ein sauberes Schraubglas (230 ml) mit Twist-off-Deckel geben, 2 TL Salz und den Zitronensaft zufügen. Die Schalen mit einem Löffelrücken vollständig in die Flüssigkeit tauchen. Das Glas fest verschließen und die Zitronenschalen 4 Tage bei Raumtemperatur durchziehen lassen, dabei das Glas einmal täglich kräftig schütteln. Danach können die Zitronenschalen im Kühlschrank bis zu 6 Monate aufbewahrt werden. Vor der Verwendung kalt abbrausen und trockentupfen.

2. So viele eingelegte Zitronenschalen abbrausen, trockentupfen und fein hacken, dass sich 2 EL ergeben. In einer kleinen Schüssel die gehackten Schalen, Mayonnaise, Essig, Knoblauch und ¼ TL Pfeffer gründlich verrühren.

3. Den Grill für direkte mittlere Hitze (175–230 °C) vorbereiten.

4. Den Spargel mit etwas Öl beträufeln, mit ½ TL Salz und ¼ TL Pfeffer würzen und über ***direkter mittlerer Hitze*** bei geschlossenem Deckel 6–8 Min. grillen, dabei ab und zu mit der Grillzange wenden, bis die Stangen ein deutliches Grillmuster angenommen haben und knackig-zart sind. Die Spargelstangen auf einer Servierplatte anrichten und warm mit der Aïoli servieren.

FÜR 6 PERSONEN

RATATOUILLE VOM GRILL

ZUBEREITUNGSZEIT: 15 Min.
GRILLZEIT: 24–28 Min.
ZUBEHÖR: gusseiserne Pfanne oder eine andere grillfeste Pfanne (Ø 25 cm)

2 grüne Zucchini (insgesamt etwa 350 g), längs in knapp 1 cm dicke Scheiben geschnitten
1 Aubergine (etwa 350 g), quer halbiert, danach längs in ½ cm dicke Scheiben geschnitten
1 große oder 2 kleine rote und/oder gelbe Paprikaschoten (insgesamt etwa 300 g), längs in 4 flache Stücke geschnitten
1 große Zwiebel (etwa 220 g), quer in 1 cm dicke Scheiben geschnitten
Olivenöl
grobes Meersalz
frisch gemahlener schwarzer Pfeffer
300 g große Eiertomaten
4 TL Tomatenmark
4 Knoblauchzehen, fein gehackt
1 kräftige Prise Chiliflocken
¼ TL getrockneter Thymian

1. Den Grill für direkte und indirekte mittlere bis starke Hitze (200–260 °C) vorbereiten.

2. Zucchini-, Auberginen-, Paprika- und Zwiebelscheiben großzügig mit Öl einpinseln und gleichmäßig mit 1½ TL Salz und ½ TL Pfeffer würzen. Das Gemüse auf dem Rost über ***direkter mittlerer bis starker Hitze*** bei geschlossenem Deckel 6 bis 10 Min. grillen, bis es ein Grillmuster angenommen hat, dabei die Scheiben ab und zu wenden. Fertiges Gemüse vom Grill nehmen und etwas abkühlen lassen, dann in 1 cm große Würfel schneiden.

3. In der Gusseisenpfanne 3 EL Öl mit Tomatenmark, Knoblauch, Chiliflocken, Thymian, ¼ TL Salz und ¼ TL Pfeffer verrühren. Beiseitestellen.

4. Ein feines Sieb in eine Schüssel einhängen. Von den Tomaten den Stielansatz entfernen, die Früchte quer halbieren. Über dem Sieb mit einem Löffel die Kerne herauslösen und den austretenden Saft in der Schüssel auffangen. Die Tomaten mit der Schnittfläche nach unten über ***direkter mittlerer bis starker Hitze*** bei geschlossenem Deckel grillen, bis sie nach etwa 5 Min. leicht schrumpelig werden. Vom Grill nehmen und etwas abkühlen lassen, anschließend die Haut abziehen und wegwerfen. Tomaten und aufgefangenen Tomatensaft in die Pfanne geben.

5. Die Pfanne über ***direkte mittlere bis starke Hitze*** stellen und die Tomaten bei geöffnetem Grilldeckel etwa 3 Min. garen, dabei die Früchte mit einem Schaumlöffel kräftig zerdrücken, damit sie sich mit den übrigen Zutaten vermischen. Das Gemüse einrühren und die Pfanne über ***indirekte mittlere bis starke Hitze*** stellen. Den Grilldeckel schließen und das Gemüse unter gelegentlichem Rühren 10 Min. garen, bis es gerade eben weich ist (ein Teil bleibt knackig-zart). Die Ratatouille warm oder raumtemperiert servieren.

FÜR 4–6 PERSONEN

NUDELSALAT MIT ZUCCHINI

ZUBEREITUNGSZEIT: 20 Min.
GRILLZEIT: 3–5 Min.

500 g Fusilli (Spiralnudeln)
500 g grüne Zucchini, längs in etwa 1 cm dicke Scheiben geschnitten
500 g gelbe Zucchini, längs in etwa 1 cm dicke Scheiben geschnitten
180 ml plus 2 EL Olivenöl
2 TL grobes Meersalz
1 TL frisch gemahlener schwarzer Pfeffer
1 große orangefarbene Paprikaschote, fein gewürfelt
150 g Feta, zerbröckelt
5 EL entsteinte Kalamata-Oliven (etwa 16 Stück), längs halbiert
4 EL fein gehackte Minzeblätter
1 ½ EL fein abgeriebene Schale von 1 großen Bio-Zitrone
3 EL frisch gepresster Zitronensaft
1 EL Dijon-Senf

1. Den Grill für direkte mittlere Hitze (175–230 °C) vorbereiten.

2. Reichlich Wasser in einem großen Topf auf hoher Stufe zum Kochen bringen und salzen. Die Nudeln darin nach Packungsanweisung al dente garen. Abseihen, kalt abbrausen und gut abtropfen lassen. Nudeln in eine große Schüssel geben.

3. Die Zucchinischeiben auf beiden Seiten mit insgesamt 2 EL Öl einpinseln, mit 1 TL Salz und ½ TL Pfeffer würzen. Über ***direkter mittlerer Hitze*** bei geschlossenem Deckel 3–5 Min. grillen, bis sie ein typisches Grillmuster zeigen, dabei einmal wenden. Vom Grill nehmen, etwas abkühlen lassen, dann in 1 cm große Stücke schneiden.

4. Zucchini, Paprika, Feta, Oliven und Minze zu den Nudeln geben. Für das Dressing in einer kleinen Schüssel Zitronenschale und -saft, Senf, 1 TL Salz und ½ TL Pfeffer verrühren. Langsam 180 ml Öl zugießen und mit dem Schneebesen unterrühren. Den Nudelsalat mit dem Dressing anmachen und vor dem Servieren 15 Min. bei Raumtemperatur durchziehen lassen.

FÜR 8–10 PERSONEN

SALAT VON GEGRILLTEN KARTOFFELN MIT CHORIZO

ZUBEREITUNGSZEIT: 15 Min.
GRILLZEIT: etwa 18 Min.

4 festkochende Kartoffeln (je etwa 220 g)
1 ½ EL Sherry-Essig
¼ TL gemahlener Safran
Olivenöl
grobes Meersalz
frisch gemahlener schwarzer Pfeffer
1 große rote Zwiebel, quer in gut 1 cm dicke Scheiben geschnitten
120 g luftgetrocknete Chorizo am Stück (spanische Paprikawurst)
½ TL geräuchertes Paprikapulver
4 EL fein gehackte glatte Petersilienblätter

1. Kartoffeln schälen, anschließend in einem großen Dämpfaufsatz über einem Topf mit köchelndem Wasser 20 Min. garen. In einem großen Sieb 10 Min. abkühlen lassen.

2. Inzwischen in einer großen Schüssel Essig und Safran verrühren. 20 Min. beiseitestellen.

3. Den Grill für direkte mittlere Hitze (175–230 °C) vorbereiten.

4. Die Kartoffeln längs in vier gleich große Scheiben schneiden, auf beiden Seiten dünn mit Öl bestreichen und mit Salz und Pfeffer würzen. Die Zwiebelscheiben ebenfalls dünn mit Öl einpinseln. Kartoffel- und Zwiebelscheiben über ***direkter mittlerer Hitze*** bei geschlossenem Deckel grillen, bis sie nach etwa 10 Min. weich und leicht gebräunt sind, dabei die Scheiben ein- bis zweimal wenden. Vom Grill nehmen. Die Kartoffeln vierteln, die Zwiebelscheiben grob würfeln.

5. Die Chorizo über ***direkter mittlerer Hitze*** bei geschlossenem Deckel etwa 8 Min. grillen, bis sie schön gebräunt ist, dabei ab und zu wenden. Vom Rost nehmen, längs halbieren und quer in halbmondförmige Scheiben schneiden.

6. In die große Schüssel mit der Essig-Safran-Mischung 4 EL Öl, das Paprikapulver, ½ TL Salz und ¼ TL Pfeffer geben und alles gründlich verquirlen. Kartoffeln, Zwiebel, Chorizo und Petersilie zum Dressing geben und gut durchmischen. Den Kartoffelsalat warm servieren.

FÜR 6 PERSONEN

Die luftgetrocknete und geräucherte Chorizo wird aus Schweinefleisch hergestellt und mit geräuchertem spanischem Paprikapulver (Pimentón) gewürzt. Man kann sie einfach aufschneiden und roh genießen oder auch zum Kochen verwenden.

TABOULEH MIT BASILIKUM, PETERSILIE UND GEGRILLTER PAPRIKA

ZUBEREITUNGSZEIT: 20 Min.
GRILLZEIT: 10–12 Min.
KÜHLZEIT: mind. 30 Min.

200 g Bulgur (vorzugsweise feinkörnig)
je 1 große rote und gelbe Paprikaschote
1 kleines Bund Basilikum (etwa 50 g), Blätter fein gehackt
½ Bund glatte Petersilie (etwa 30 g), Blätter fein gehackt
1 Salatgurke, geschält, entkernt, in ½ cm große Würfel geschnitten
2 Frühlingszwiebeln, in feine Scheiben geschnitten
2 TL fein abgeriebene Schale von 1 Bio-Zitrone
3 EL frisch gepresster Zitronensaft
3 EL Olivenöl
1 ½ TL grobes Meersalz
½ TL frisch gemahlener schwarzer Pfeffer

1. Den Grill für direkte mittlere Hitze (175–230 °C) vorbereiten.

2. Den Bulgur in einer mittelgroßen hitzefesten Schüssel mit 400 ml kochend heißem Wasser übergießen. Die Schüssel mit Frischhaltefolie verschließen und den Bulgur 15–60 Min. quellen lassen (die Quellzeit variiert für feinen, mittelfeinen und groben Bulgur; bei Verwendung von mittelfeinem oder grobem Bulgur die Packungshinweise zur erforderlichen Wassermenge und Quellzeit beachten). Den Bulgur abseihen, in eine große Servierschüssel geben und mit einer Gabel auflockern.

3. Inzwischen die Paprikaschoten über ***direkter mittlerer Hitze*** bei geschlossenem Deckel 10 bis 12 Min. grillen, dabei die Schoten gelegentlich wenden, bis die Haut rundherum schwarz ist und Blasen wirft. In einer mit Frischhaltefolie abgedeckten Schüssel etwa 10 Min. ausdampfen lassen. Die verkohlte Haut der Schoten abziehen, Stielansatz, Kerne und Trennwände entfernen. Das Paprikafruchtfleisch grob würfeln.

4. Paprikawürfel und alle übrigen Zutaten in die Schüssel zum Bulgur geben. Gut durchmischen und vor dem Servieren mind. 30 Min. kalt stellen.

FÜR 6–8 PERSONEN

LINSEN AUF PROVENZALISCHE ART

ZUBEREITUNGSZEIT: 20 Min.
GRILLZEIT: 10–12 Min.

200 g Puy-Linsen
1 Aubergine (etwa 450 g), quer in 1 cm dicke Scheiben geschnitten
5 EL Olivenöl
1 TL grobes Meersalz
½ TL frisch gemahlener schwarzer Pfeffer
1 mittelgroße rote Zwiebel, fein gewürfelt
6 Knoblauchzehen, in dünne Scheiben geschnitten
2 große Eiertomaten, entkernt und fein gewürfelt
50 g entsteinte Picholine- oder Kalamata-Oliven, in Scheiben geschnitten
1 EL Kapern, abgebraust und abgetropft
½ Bund Basilikum (etwa 35 g), die Blätter in feine Streifen geschnitten
1 EL Rotweinessig

1. Den Grill für direkte mittlere Hitze (175–230 °C) vorbereiten.

2. Die Linsen in einem feinmaschigen Sieb gründlich verlesen und kalt abbrausen. Nach Packungsanleitung garen. Abseihen und in eine große Servierschüssel füllen.

3. Die Auberginenscheiben auf beiden Seiten mit 2 EL Öl bestreichen und gleichmäßig mit ½ TL Salz und ¼ TL Pfeffer würzen. Über ***direkter mittlerer Hitze*** bei geschlossenem Deckel grillen, bis sie nach 10–12 Min. weich sind, dabei einmal wenden. Vom Grill nehmen und in etwa 1 cm große Stücke schneiden. Zu den Linsen in die Schüssel geben.

4. In einer großen Pfanne 3 EL Öl auf mittlerer bis hoher Stufe erhitzen. Die Zwiebelwürfel darin unter häufigem Rühren 2–3 Min. dünsten. Knoblauch untermischen und 3–4 Min. mitdünsten, dabei häufig rühren. Die Tomaten unter häufigem Rühren 2 Min. mitgaren, dann Oliven und Kapern 1 Min. unterrühren. Die Mischung zu den Linsen und Auberginen geben, Basilikum, Essig, ½ TL Salz und ¼ TL Pfeffer zufügen und alles gut vermischen. Warm oder raumtemperiert servieren.

FÜR 4–6 PERSONEN

BLUMENKOHLSTEAKS MIT KORIANDER-GREMOLATA

ZUBEREITUNGSZEIT: 15 Min.
GRILLZEIT: 12–15 Min.
ZUBEHÖR: gelochte Grillpfanne

Für die Gremolata

5 EL fein gehackte Korianderblätter
¾ TL fein abgeriebene Schale von 1 Bio-Zitrone
1 kräftige Prise grobes Meersalz

Olivenöl
¾ TL grobes Meersalz
½ TL Paprikapulver
½ TL gemahlener Kreuzkümmel
¼ TL frisch gemahlener schwarzer Pfeffer
1 kräftige Prise Cayennepfeffer
1 kleine Knoblauchzehe, fein gehackt
1 Blumenkohl (etwa 1 kg), geputzt und gewaschen
Zitronenspalten

1. Die Zutaten für die Gremolata verrühren. Den Grill für direkte mittlere Hitze (175–230 °C) vorbereiten und die gelochte Grillpfanne 10 Min. vorheizen.

2. In einer kleinen Schüssel 3 EL Öl mit Gewürzen und Knoblauch verrühren. Den Blumenkohl durch den Strunk in 1 cm dicke Scheiben schneiden. Blumenkohlscheiben und seitlich abgebrochene Röschen mit dem Würzöl bestreichen und in der Grillpfanne über ***direkter mittlerer Hitze*** bei geschlossenem Deckel 12–15 Min. grillen, bis sie goldbraun sind, dabei ein- bis zweimal wenden und die Hitze im Grill gegebenenfalls reduzieren, damit der Blumenkohl nicht zu stark bräunt. Vom Grill nehmen und auf einem Servierteller mit dem übrigen Würzöl beträufeln. Mit der Gremolata und den Zitronenspalten warm servieren.

FÜR 4–6 PERSONEN

PAPRIKAGEMÜSE SÜSSSAUER

ZUBEREITUNGSZEIT: 10 Min.
MARINIERZEIT: 30 Min.
GRILLZEIT: 12–15 Min.

2 rote und 2 gelbe Paprikaschoten (je etwa 220 g)
4 EL Aceto balsamico bianco
1 EL Zucker
½ TL Chiliflocken
1 Knoblauchzehe, in dünne Scheiben geschnitten
3 EL Olivenöl
2 EL Majoranblätter, grob gehackt

1. Den Grill für direkte mittlere Hitze (175–230 °C) vorbereiten.

2. Die Paprikaschoten über ***direkter mittlerer Hitze*** bei geschlossenem Deckel 12–15 Min. grillen, dabei gelegentlich wenden, bis die Haut der Schoten rundherum schwarz ist und Blasen wirft. Die Paprikaschoten in einer mit Frischhaltefolie abgedeckten Schüssel 10 Min. ausdampfen lassen.

3. Inzwischen für das Dressing in einem kleinen Topf Essig, Zucker und Chiliflocken mit 2 EL Wasser verrühren. Auf mittlerer Stufe unter gelegentlichem Rühren köcheln lassen, bis sich der Zucker aufgelöst hat. Den Herd ausschalten und das Dressing zugedeckt warm halten.

4. Die Haut der Paprikaschoten abziehen, Stielansatz, Kerne und Trennwände entfernen. Das Fruchtfleisch in 2 cm breite Streifen schneiden. In eine flache Schale geben und den Knoblauch untermischen. Das warme Dressing über die Paprika gießen. Bei Raumtemperatur mind. 30 Min. durchziehen lassen, anschließend Öl und Majoran unterrühren. Raumtemperiert oder kalt servieren.

FÜR 4–6 PERSONEN

KNUSPRIGE KARTOFFELSCHEIBEN MIT ROSMARIN UND KNOBLAUCH

ZUBEREITUNGSZEIT: 15 Min.
GRILLZEIT: 6–8 Min.

1 kg festkochende Kartoffeln, geschält, längs in 2 cm dicke Scheiben geschnitten
2 EL Olivenöl
2 TL trockener Weißwein oder Vermouth
2 große Knoblauchzehen, fein gehackt
1 TL gehackte Rosmarinnadeln
1 TL grobes Meersalz
¼ TL frisch gemahlener schwarzer Pfeffer
1 TL fein gehackte glatte Petersilienblätter
Fleur de Sel (französisches Meersalz)
1 Zitrone, in Spalten geschnitten (nach Belieben)

1. Die Kartoffelscheiben, gegebenenfalls portionsweise, in einem großen Dämpfaufsatz über einem Topf mit köchelndem Wasser 8–10 Min. garen, bis sie gerade eben weich sind. Nebeneinander auf ein großes Backblech legen und trockentupfen.

2. Den Grill für direkte mittlere bis starke Hitze (200–230°C) vorbereiten.

3. In einer kleinen Schüssel Öl, Wein, Knoblauch, Rosmarin, Salz und Pfeffer verrühren. Die Kartoffelscheiben auf beiden Seiten mit dem Würzöl bestreichen. Auf dem Grillrost über ***direkter mittlerer bis starker Hitze*** bei geschlossenem Deckel in 6–8 Min. goldbraun und knusprig grillen, dabei die Scheiben ein- bis zweimal wenden. Auf einer Servierplatte anrichten und mit Petersilie und Fleur de Sel bestreuen. Sofort servieren und nach Belieben die Zitronenspalten dazu reichen.

FÜR 4 PERSONEN

SKORDALIA VON GEGRILLTEN FOLIENKARTOFFELN

ZUBEREITUNGSZEIT: 10 Min.
GRILLZEIT: 1 Std.
ZUBEHÖR: Holzkohlegrill, Kartoffelpresse

1 kg mehligkochende Kartoffeln
1 mittelgroße Knoblauchknolle
3 EL frisch gepresster Zitronensaft
1 ½ EL Aceto balsamico bianco
1 TL grobes Meersalz
½ TL frisch gemahlener schwarzer Pfeffer
125 ml Olivenöl, plus mehr nach Bedarf
¼ TL geräuchertes Paprikapulver

1. Den Grill für direkte mittlere Hitze (175–230 °C) vorbereiten. Die ungeschälten Kartoffeln einzeln in extrastarke Alufolie wickeln. Von der Knoblauchknolle oben einen Deckel abschneiden, sodass das Fruchtfleisch der Zehen freiliegt. Die Knolle ebenfalls in extrastarke Alufolie wickeln. Die Kartoffeln direkt auf die glühende Holzkohle legen und bei geschlossenem Deckel 40 Min. garen, dabei nach 30 Min. einmal wenden. Dann die Knoblauchknolle mit der Schnittfläche nach oben neben die Kartoffeln setzen, den Deckel wieder schließen und alles weitere 20 Min. grillen, bis die Kartoffeln und der Knoblauch weich sind. In der Alufolie 20 Min. abkühlen lassen, dann auswickeln.

2. Über einer großen Schüssel das Fruchtfleisch der Kartoffeln mit einem Löffel aus den Schalen lösen. Die Knoblauchzehen über der Schüssel aus den Häuten drücken. Durch die Kartoffelpresse in eine zweite Schüssel drücken. Zitronensaft, Essig, Salz, Pfeffer und so viel Öl untermischen, bis ein dickes Püree entsteht. Als Dip oder Aufstrich mit dem Paprikapulver bestreut servieren.

FÜR 6 PERSONEN

CREMIGE KÄSEPOLENTA MIT GEGRILLTEN SHIITAKE-PILZEN

ZUBEREITUNGSZEIT: 20 Min., plus etwa 30 Min. für die Polenta.
GRILLZEIT: 10–12 Min.

Für die Polenta

720 ml Milch
½ TL grobes Meersalz
180 g Polenta (Maisgrieß)
70 g Parmesan, fein gerieben
70 g Feta, zerbröckelt
3 EL weiche Butter

500 g große Shiitake-Pilze, Stiele entfernt
1 mittelgroße rote Zwiebel, quer in 1 cm dicke Scheiben geschnitten
2 EL Olivenöl
1 TL grobes Meersalz
½ TL frisch gemahlener schwarzer Pfeffer

1. Den Grill für direkte mittlere Hitze (175–230 °C) vorbereiten.

2. In einem mittelgroßen Topf die Milch mit 360 ml Wasser mischen, salzen und auf mittlerer bis hoher Stufe zum Köcheln bringen. Die Polenta unter ständigem Rühren langsam einrieseln lassen, erneut zum Köcheln bringen, dann die Hitze auf kleinste Stufe stellen und die Polenta mit schräg aufgelegtem Deckel etwa 30 Min. garen, dabei alle 3–4 Min. kräftig mit dem Schneebesen durchrühren, bis am Ende ein glatter, samtiger Brei entsteht. Den Topf vom Herd nehmen. Parmesan, Feta und Butter dazugeben und rühren, bis die Zutaten geschmolzen sind. Die Polenta zugedeckt warm halten.

3. Pilze und Zwiebelscheiben mit dem Öl einpinseln und mit Salz und Pfeffer würzen. Die Zutaten auf dem Grillrost über ***direkter mittlerer Hitze*** bei geschlossenem Deckel weich grillen, dabei einmal wenden. Die Pilze benötigen 8–10 Min., die Zwiebelscheiben 10–12 Min. Pilze und Zwiebeln vom Grill nehmen und grob würfeln.

4. Die Käsepolenta in eine Servierschüssel füllen, Pilze und Zwiebeln auf der Polenta anrichten und sofort servieren.

FÜR 6–8 PERSONEN

Grill-Kompass

FISCH/MEERESFRÜCHTE	DICKE/GEWICHT	UNGEFÄHRE GRILLZEIT
Auster	90–120 g	**5–7 Min.** über direkter starker Hitze
Fisch, Filet oder Steak: Heilbutt, Red Snapper, Lachs, Wolfsbarsch, Schwertfisch oder Thunfisch	1 cm	**6–8 Min.** über direkter starker Hitze
	2½ cm	**8–10 Min.** über direkter starker Hitze
	2½–3 cm	**10–12 Min.** über direkter starker Hitze
Fisch, ganz	½ kg	**15–20 Min.** über indirekter mittlerer Hitze
	1–1¼ kg	**20–30 Min.** über indirekter mittlerer Hitze
	1½ kg	**30–45 Min.** über indirekter mittlerer Hitze
Garnele	40–45 g	**2–4 Min.** über direkter starker Hitze
Jakobsmuschel	40–45 g	**4–6 Min.** über direkter starker Hitze
Miesmuschel (nicht geöffnete Muscheln wegwerfen)	30–60 g	**5–6 Min.** über direkter starker Hitze
Venusmuschel (nicht geöffnete Muscheln wegwerfen)	60–90 g	**6–8 Min.** über direkter starker Hitze

Die oben stehenden Angaben (Art des Fisches, Dicke/Gewicht, Grillzeiten) sind Richtlinien, keine festen Regeln. Die tatsächlichen Garzeiten werden von weiteren Faktoren wie Luftdruck, Wind, Außentemperatur und gewünschtem Gargrad beeinflusst. Wichtigste Faustregel für das Grillen von Fisch: 3–4 Min. pro Zentimeter Dicke.

LAMM	DICKE/GEWICHT	UNGEFÄHRE GRILLZEIT
Lammkarree	500–650 g	**15–20 Min.: 5 Min.** über direkter mittlerer Hitze, **10–15 Min.** über indirekter mittlerer Hitze
Lammkeule, ausgelöst, als Rollbraten in Form gebunden	1¼– 1½ kg	**30–45 Min.: 10–15 Min.** über direkter mittlerer Hitze, **20–30 Min.** über indirekter mittlerer Hitze
Lammkeule, ausgelöst, Schmetterlingsschnitt	1½– 1¾ kg	**30–45 Min.: 10–15 Min.** über direkter mittlerer Hitze, **20–30 Min.** über indirekter mittlerer Hitze
Lenden- oder Stielkotelett	2 cm	**4–6 Min.** über direkter starker Hitze
	½ cm	**6–8 Min.** über direkter starker Hitze
	3½ cm	**8–10 Min.** über direkter starker Hitze

RIND	DICKE/GEWICHT	UNGEFÄHRE GRILLZEIT
Braten aus der Hochrippe, ausgelöst	2¼–2¾ kg	**1¼–1¾ Std.** über indirekter mittlerer Hitze
Flank-Steak (Dünnung)	2 cm, 700–1000 g	**8–10 Min.** über direkter mittlerer Hitze
Fleischwürfel (Spieße)	2 ½ cm	**4–6 Min.** über direkter starker Hitze
Hackfleisch	2 cm dicke Pattys	**8–10 Min.** über direkter mittlerer bis starker Hitze
Kalbskotelett (Lende)	2½ cm	**6–8 Min.** über direkter starker Hitze
Rinderfilet am Stück	1½–1¾ kg	**35–45 Min.: 15 Min.** über direkter mittlerer Hitze, **20–30 Min.** über indirekter mittlerer Hitze
Steak: Filet Mignon, New York Strip Steak (hohes Roastbeef), Porterhouse, Rumpsteak (Sirloin-Steak, flaches Roastbeef), Rib-Eye, T-Bone	2 cm	**4–6 Min.** über direkter starker Hitze
	2½ cm	**6–8 Min.** über direkter starker Hitze
	2–3 cm	**8–10 Min.** über direkter starker Hitze
	3½ cm	**10–12 Min.** über direkter starker Hitze
Steak Onglet (Nierenzapfen)	2½ cm	**8–10 Min.** über direkter mittlerer Hitze
Skirt-Steak (Saumfleisch)	½–1 cm	**4–6 Min.** über direkter starker Hitze

Die Grillzeiten von Lamm und Rind beziehen sich auf den Gargrad rosa/rot (medium rare), bei Hackfleisch-Pattys auf halb durch (medium).

Die oben stehenden Angaben (Teilstücke/Zuschnitte, Dicke/Gewicht, Grillzeiten) sind Richtlinien, keine festen Regeln. Die tatsachlichen Garzeiten werden von weiteren Faktoren wie Wind, Luftdruck, Außentemperatur und gewünschtem Gargrad beeinflusst. Es gibt zwei Faustregeln: 1. Steaks, Koteletts und Rindfleischspieße werden über direkter Hitze während der in der Tabelle angegebenen Dauer oder bis zum gewünschten Gargrad gegrillt und dabei einmal gewendet. 2. Braten und dickere Teilstücke werden über indirekter Hitze während der in der Tabelle angegebenen Dauer oder bis zum Erreichen der jeweils gewünschten Kerntemperatur gegrillt. Braten, größere Teilstücke und dicke Steaks sollten nach dem Grillen 5–10 Min. nachziehen. Die Kerntemperatur erhöht sich in dieser Zeit noch einmal um 2–5 °C.

Grill-Kompass

SCHWEIN	DICKE/GEWICHT	UNGEFÄHRE GRILLZEIT
Bratwurst, roh	100 g pro Stück	**20–25 Min.** über direkter mittlerer Hitze
Bratwurst, gebrüht	100 g pro Stück	**10–12 Min.** über direkter mittlerer Hitze
Filet am Stück	½ kg	**15–20 Min.** über direkter mittlerer Hitze
Hackfleisch	1¼ cm cm dicke Pattys	**8–10 Min.** über direkter mittlerer Hitze
Kotelett, ausgelöst oder mit Knochen	2 cm	**6–8 Min.** über direkter mittlerer Hitze
	2½ cm	**8–10 Min.** über direkter mittlerer Hitze
	3–3½ cm	**10–12 Min.: 6 Min.** über direkter mittlerer Hitze, **4–6 Min.** über indirekter mittlerer Hitze
Lendenbraten, ausgelöst	1 ½ kg	**28–40 Min.: 8–10 Min.** über direkter starker Hitze, **20–30 Min.** über indirekter starker Hitze
Lendenbraten, mit Knochen	1½–2¼ kg	**1¼ –1¾ Std.** über indirekter mittlerer Hitze
Ribs: Baby Back Ribs	700–1000 g	**3–4 Std.** über indirekter schwacher Hitze
Ribs: Dicke Rippe, ausgelöst	2½ cm	**12–15 Min.** über direkter mittlerer Hitze
Ribs: Dicke Rippe, mit Knochen	2½ cm	**45–50 Min.** über indirekter mittlerer Hitze
Ribs: Spareribs	1¼–1½ kg	**3–4 Std.** über indirekter schwacher Hitze

Perfekt zubereitetes Schweinefleisch (vorausgesetzt, es ist ganz frisch und kein Hackfleisch) sollte im Kern noch leicht rosa, also nicht komplett durchgegart sein, was einer Kerntemperatur zwischen 63 und 65 °C entspricht. Welchen Gargrad Sie bevorzugen, bleibt selbstverständlich Ihnen überlassen. Braten, größere Teilstücke und dicke Koteletts sollten nach dem Grillen 5–10 Min. nachziehen. Die Kerntemperatur erhöht sich in dieser Zeit noch einmal um 2–5 °C.

GEFLÜGEL	DICKE/GEWICHT	UNGEFÄHRE GRILLZEIT
Ente, ganz	2½–3 kg	**40 Min.** über indirekter starker Hitze
Entenbrust, ausgelöst	300–350 g	**9–12 Min.: 3–4 Min.** über direkter schwacher Hitze, **6–8 Min.** über indirekter starker Hitze
Hackfleisch vom Hähnchenschenkel	2 cm dickes Patty	**12–14 Min.** über direkter mittlerer Hitze
Hähnchen, groß (Poularde)	2–2½ kg	**1¼–1½ Std.** über indirekter mittlerer Hitze
Hähnchen, klein	650–800 g	**50–60 Min.** über indirekter starker Hitze
Hähnchenbrust, mit Knochen	300–350 g	**23–35 Min.: 3–5 Min.** über direkter mittlerer Hitze, **20–30 Min.** über indirekter mittlerer Hitze
Hähnchenbrustfilet	180–220 g	**8–12 Min.** über direkter mittlerer Hitze
Hähnchenflügel	60–90 g	**35–43 Min.: 30–35 Min.** über indirekter mittlerer Hitze, **5–8 Min.** über direkter mittlerer Hitze
Hähnchenoberschenkel, mit Knochen	150–180 g	**36–40 Min.: 6–10 Min.** über direkter mittlerer Hitze, **30 Min.** über indirekter mittlerer Hitze
Hähnchenschenkel, ausgelöst, ohne Haut	120 g	**8–12 Min.** über direkter mittlerer Hitze
Hähnchenschenkel, ganz	300–350 g	**48–60 Min.: 40–50 Min.** über indirekter mittlerer Hitze, **8–10 Min.** über direkter mittlerer Hitze
Hähnchenunterschenkel (Drumstick)	100–120 g	**26–40 Min.: 6–10 Min.** über direkter mittlerer Hitze, **20–30 Min.** über indirekter mittlerer Hitze
Putenbrust, ausgelöst	1 kg	**1–1¼ Std.** über indirekter mittlerer Hitze
Truthahn, ganz, ohne Füllung	4½–5½ kg	**2½–3½ Std.** über indirekter mittlerer bis schwacher Hitze

Oben stehende Angaben (Zuschnitte, Gewicht, Grillzeiten) sind Richtlinien, keine festen Regeln. Die tatsächlichen Garzeiten werden von weiteren Faktoren wie Luftdruck, Wind und Außentemperatur beeinflusst. Die angegebenen Grillzeiten beziehen sich auf eine Kerntemperatur von etwa 75 °C. Ganzes Geflügel sollte nach dem Grillen 10–15 Min. nachziehen. Die Kerntemperatur erhöht sich in dieser Zeit noch einmal um 2–5 °C.

Grill-Kompass

GEMÜSE	DICKE/GEWICHT	UNGEFÄHRE GRILLZEIT
Artischockenherzen	ganz	**14–18 Min.: 10–12 Min.** vorgaren; halbieren und **4–6 Min.** über direkter mittlerer Hitze grillen
Aubergine	1¼ cm dicke Scheiben	**8–10 Min.** über direkter mittlerer Hitze
Frühlingszwiebel	ganz	**3–4 Min.** über direkter mittlerer Hitze
Kartoffel	ganz	**45–60 Min.** über indirekter mittlerer Hitze
	1¼ cm dicke Scheiben	**14–16 Min.** über direkter mittlerer Hitze
Kartoffel, neue Ernte	halbiert	**15–20 Min.** über direkter mittlerer Hitze
Knoblauch	ganze Knolle	**45–60 Min.** über indirekter mittlerer Hitze
Kürbis (Acorn/Eichelkürbis), halbiert	700 g	**40–60 Min.** über indirekter mittlerer Hitze
Maiskolben, mit Hüllblätter		**25–30 Min.** über direkter mittlerer Hitze
Maiskolben, ohne Hüllblättern		**10–15 Min.** über direkter mittlerer Hitze
Möhre, ganz	2½ cm dick	**7–11 Min.: 4–6 Min.** in Wasser vorgaren; **3–5 Min.** über direkter mittlerer Hitze grillen
Paprikaschote	ganz	**10–15 Min.** über direkter mittlerer Hitze
Paprika-/Chilischote	½ cm dicke Scheiben	**6–8 Min.** über direkter mittlerer Hitze
Pilz, Shiitake oder Champignons		**8–10 Min.** über direkter mittlerer Hitze
Pilz, Riesenchampignon (Portobello)		**10–15 Min.** über direkter mittlerer Hitze
Spargel	1¼ cm dicke Stangen	**6–8 Min.** über direkter mittlerer Hitze
Süßkartoffel	ganz	**50–60 Min.** über indirekter mittlerer Hitze
	½ cm dicke Scheiben	**8–10 Min.** über direkter mittlerer Hitze
Tomate, Eiertomate	ganz	**8–10 Min.** über direkter mittlerer Hitze
	halbiert	**6–8 Min.** über direkter mittlerer Hitze
Zucchini	ganz	**3–5 Min.** über direkter mittlerer Hitze
	längs halbiert	**4–6 Min.** über direkter mittlerer Hitze
Zwiebel	1 ¼ cm dicke Scheiben	**8–12 Min.** über direkter mittlerer Hitze
	halbiert	**35–40 Min.** über indirekter mittlerer Hitze

Sicherheitshinweise

Lesen Sie unbedingt die Bedienungsanleitung Ihres Grills, und machen Sie sich mit allen Techniken sowie Sicherheitshinweisen vertraut.

Auch die Wartung Ihres Grills ist wichtig (beachten Sie dazu ebenfalls die Hinweise des Herstellers). Jedes Mal, wenn Sie den Grill benutzen, sollten Sie den Grillrost reinigen, und zwar dann, wenn er sehr heiß ist (am besten unmittelbar vor dem Grillen). Bürsten Sie mit einer langstieligen Stahlbürste anhaftende Speisereste oder Roststellen gründlich ab – auch zwischen den einzelnen Streben!

ALLGEMEINE HINWEISE

1. Grills geben große Hitze ab. Der Grill muss daher mindestens 1,5 Meter von brennbaren Materialien, Wänden und Geländern entfernt stehen. Dazu zählen u. a. Holzverkleidungen sowie Holzveranden und -terrassen. Verwenden Sie einen Grill niemals in Innenräumen, unter einem Sonnendach oder einer Pergola.

2. Stellen Sie den Grill immer ebenerdig auf.

3. Verwenden Sie ausgewiesenes Grillwerkzeug mit langen, hitzebeständigen Griffen.

4. Tragen Sie beim Grillen keine losen oder leicht entflammbaren Kleidungsstücke.

5. Lassen Sie Kinder oder Haustiere in der Nähe eines heißen Grills niemals unbeaufsichtigt.

6. Tragen Sie beim Grillen und zum Regulieren der Lüftungsschieber Grillhandschuhe.

SICHERHEIT FÜR DEN GASGRILL

1. Halten Sie den Grillboden und die Auffangschale Ihres Gasgrills sauber und fettfrei. Damit vermeiden Sie nicht nur gefährliche Flammenbildung, sondern halten auch ungebetene Gäste fern.

2. Sollten Flammen hochschlagen, schließen Sie unverzüglich den Deckel und legen Sie, wenn nötig, vorher das Grillgut über indirekte Hitze, bis die Flammenbildung abgeklungen ist. Bei einem Gasgrill Flammen niemals mit Wasser löschen.

3. Kleiden Sie den abgeschrägten Grillboden auf keinen Fall mit Alufolie aus. Sie verhindert, dass herabtropfendes Fett in die Auffangschale laufen kann. Das Fett sammelt sich zudem in den Falten der Folie und wird sich bei der nächstbesten Gelegenheit entzünden.

4. Gasflaschen dürfen keinesfalls in Innenräumen aufbewahrt werden (auch nicht in der Garage).

5. Ein neuer Gasgrill kann bei den ersten Malen heißer werden als üblich. Sobald er innen ein wenig angelaufen ist und Deckel und Grillwanne nicht mehr so stark reflektieren, normalisiert sich die Hitzeentwicklung.

Sicherheitshinweise

SICHERHEIT FÜR DEN HOLZKOHLEGRILL

1. Holzkohlegrills dürfen nur im Freien verwendet werden. Bei Gebrauch in geschlossenen Räumen sammeln sich gesundheits- und lebensgefährdende Gase an.

2. Geben Sie niemals flüssige Anzünder oder bereits mit Anzünder imprägnierte Holzkohle auf die warme oder heiße Glut.

3. Niemals Benzin, Alkohol oder andere feuergefährliche Flüssigkeiten zum Anzünden von Holzkohle verwenden. Wenn Sie flüssigen Anzünder benutzen, muss sämtliche Flüssigkeit, die sich gegebenenfalls im Kessel angesammelt hat, durch den unteren Lüftungsschieber abgelassen werden, bevor Sie die Holzkohle anzünden.

4. Verwenden Sie Ihren Grill nur mit allen vollständig montierten Teilen, die zudem unversehrt sein müssen. Vergewissern Sie sich auch, dass der Aschefänger korrekt unter dem Kessel befestigt ist.

5. Nehmen Sie den Deckel ab, wenn Sie die Holzkohle anzünden und vorglühen.

6. Breiten Sie die Holzkohle immer auf dem Kohlerost aus, nicht direkt auf dem Boden des Kessels.

7. Stellen Sie den Anzündkamin nicht auf oder neben feuergefährliche Flächen.

8. Berühren Sie nie den Kessel, Grill- oder Holzkohlerost, um zu prüfen, ob sie heiß sind.

9. Hängen Sie den Grilldeckel immer vorschriftsmäßig an der Deckelhalterung auf. Legen Sie einen heißen Deckel nie auf einen Teppich oder ins Gras. Der Grilldeckel darf nicht an die Griffe des Kessels gehängt werden.

10. Um die Glut zu löschen, setzen Sie den Deckel auf, und schließen Sie alle oberen und unteren Lüftungsschieber vollständig. Löschen Sie die Glut niemals mit Wasser, da dies die Emailbeschichtung des Kessels beschädigen könnte.

11. Bekämpfen Sie auflodernde Flammen, indem Sie den Deckel aufsetzen und die oberen Lüftungsschieber zur Hälfte schließen. Auch hier gilt: Niemals mit Wasser löschen!

12. Bedienen und lagern Sie heiße Elektrostarter sehr sorgfältig. Stellen Sie den Starter nie auf oder neben feuergefährliche Flächen.

13. Halten Sie elektrische Kabel von einem heißen Grill fern.

Rezepteregister

Rezepteregister

Rezepteregister

T

U/V

W

X/Y/Z

Impressum

Weber-Stephen Products LLC
Mike Kempster Sr., Executive Vice President

Titel der amerikanischen Originalausgabe:
Weber's on the Grill: Mediterranean™

Projektleitung: Stefanie Poziombka
Autor: Jamie Purviance
Übersetzung: Susanne Vogel, München
Lektorat und Redaktion: Karen Dengler, Werkstatt München
Satz: Anja Dengler, Werkstatt München
Gesamtproduktion der deutschen Ausgabe: Werkstatt München · Buchproduktion
Umschlaggestaltung: independent Medien-Design, Horst Moser, München
(Umschlag und Innenlayout d. Originalausgabe: rabble + rouser, inc.)
Herstellung: Markus Plötz
Reproduktion: Litho Longo AG, Bozen
Druck und Bindung: Printer, Trento

Bildnachweis: Alle Fotos Tim Turner (Foodstyling Lynn Gagné).

ISBN 978-3-8338-5025-7

1. Auflage 2016

GRÄFE UND UNZER

Ein Unternehmen der
GANSKE VERLAGSGRUPPE

www.facebook.com/gu.verlag